Socialismo.info

MIKOS TARSIS

L'IDEALISTA GORBACIOV

le forme del socialismo democratico

Spesso commette ingiustizia non solo chi fa qualcosa,
ma anche chi non la fa.

Marco Aurelio

Nato a Milano nel 1954, laureatosi a Bologna in Filosofia nel 1977,
già docente di storia e filosofia, Mikos Tarsis (alias di Enrico Galavotti)
si è interessato per tutta la vita a due principali argomenti:
Umanesimo Laico e Socialismo Democratico, che ha trattato in homolai-
cus.com e che ora sta trattando in quartaricerca.it e in socialismo.info.
Ha già pubblicato *Pescatori di favole. Le mistificazioni nel vangelo di
Marco*, ed. Limina Mentis; *Contro Luca. Moralismo e opportunismo nel
terzo vangelo*, ed. Amazon.it; *Protagonisti dell'esegesi laica*, ed. Ama-
zon.it; *Metodologia dell'esegesi laica*, ed. Amazon.it; *Amo Giovanni*, ed.
Bibliotheka.
Per contattarlo info@homolaicus.com o info@quartaricerca.it o info@-
socialismo.info
Sue pubblicazioni: Lulu.com e Amazon.it

Prefazione

Ho voluto comprare un libro, quasi introvabile, di Michail Gorbaciov (Gorbačëv), *Riflessioni sulla rivoluzione d'Ottobre* (Editori Riuniti, Roma 1997), perché l'ho sempre ritenuto il maggior statista sovietico dopo Lenin. Merita d'esser letto perché dal 1991 ad oggi, cioè da quando s'è dovuto dimettere, lasciando mano libera a quello sciagurato di Eltsin (El'cin), non mi pare che l'umanità abbia prodotto qualcosa di veramente significativo, né sul piano teorico né su quello pratico. Anzi, se c'è qualcosa di cui oggi possiamo beneficiare - la fine della guerra fredda - lo dobbiamo in sostanza proprio a ciò ch'egli chiamò "perestrojka" (ristrutturazione), "glasnost" (trasparenza) e "nuovo pensiero".

A dir il vero egli parlò anche di "casa comune europea", pensando di includervi, dentro le sue mura, la stessa Russia, ma con un'Europa che politicamente vale assai poco, essendo ancora schiacciata, dalla fine della seconda guerra mondiale, sotto il tallone statunitense, di quel progetto non si fece assolutamente nulla, almeno non nelle sue linee originarie, in quanto è pur sempre vero che l'Europa capitalistica si va allargando progressivamente verso est.

Oggi non solo il Patto di Varsavia non esiste più, ma la Nato continua a dominare incontrastata, ricattando o minacciando tutti i paesi europei e compiendo continue interferenze sui nuovi confini dell'ex Stato sovietico. Una pretesa, questa di rivedere i confini, che certamente i paesi che fanno parte della Nato non potrebbero avere se accettassero la nuova Russia, paese capitalistico come loro, al proprio interno.

Peraltro appare quanto meno evidente che se tutti i paesi europei facessero parte della Nato, non si capisce perché dovrebbero farne parte anche gli americani, visto che vivono in un continente completamente diverso. Esistono forse basi europee negli Stati Uniti? Non solo, ma se davvero tutti i paesi europei, inclusa la Russia, facessero parte della Nato, a che servirebbe avere un'organizzazione così superarmata, così nuclearizzata, così predisposta ad attaccare? Nella misura in cui tutti si appartiene a un unico sistema di difesa, non dovremmo forse veder aumentare la fiducia reciproca? Ma se ci si fida reciprocamente, non dovremmo forse pensare a disarmarci progressivamente?

Gli americani han voluto una Nato la più possibile allargata, ma continuando a escludere pervicacemente la Russia. Danno l'impressione che la motivazione di questo atteggiamento sia quella che disse J. F. Kennedy quand'era presidente: "Disponendo della metà delle riserve

"

mondiali, la Siberia è il grande asso nella manica dei russi". Che in pratica voleva dire: "Se noi avessimo le risorse della Siberia saremmo padroni incontrastati del mondo per i secoli a venire". Infatti tutte le recenti guerre del Golfo sono partite dall'esigenza di avere pozzi petroliferi a buon mercato, anche se gli americani stanno puntando i loro assi sullo "shale gas", la cui estrazione è però più costosa (idrocarburi estratti dalle rocce con le tecniche di frantumazione, particolarmente invise agli ambientalisti).

Gorbaciov si vantava d'aver ottenuto la fine della guerra fredda, che non pochi osservatori definiscono come una sorta di "terza guerra mondiale". Come noto, il risultato principale è stata la riunificazione delle due Germanie, dopo l'abbattimento del muro di Berlino. L'altro risultato Gorbaciov non l'avrebbe voluto: la disintegrazione dello Stato federale sovietico.

Vari paesi ex sovietici hanno chiesto di entrare nell'Unione Europea, con o senza l'uso della moneta comune, e alcuni hanno chiesto persino di entrare nella Nato. Chissà perché ci s'illude così fortemente che il nuovo sarà migliore del vecchio, quando basterebbe esaminare la storia per accorgersi che esistono non pochi casi in cui è vero il contrario.

Altre situazioni inaspettate che si sono venute a creare sono state la divisione della Cecoslovacchia in due repubbliche: Cekia e Slovacchia (1993), senza spargimento di sangue, e la frantumazione della Jugoslavia in vari Stati indipendenti (1991-2008)[1], con molto spargimento di sangue e intervento militare della Nato (molto pesante, poiché qui si è usato l'uranio impoverito).

Oggi tutti i paesi europei ex socialisti, che sono voluti entrare nell'Unione Europea, vengono considerati dall'imprenditoria capitalistica come delle colonie da sfruttare, tanto che quando si parla di delocalizzazione della nostra industria, non ci si riferisce soltanto a paesi di destinazione come Cina, India, Turchia ecc., ma anche e soprattutto agli ex paesi del cosiddetto "socialismo reale".

Detto altrimenti, la fine della guerra fredda, se da un lato ha aumentato la sicurezza mondiale, anche perché, parallelamente, vi è stato un parziale disarmo nucleare, dall'altro sembra aver dato mano libera a un'espansione incondizionata del capitalismo su scala mondiale.

A questo punto vien da chiedersi: che cos'è la democrazia? Chiunque infatti si rende conto che laddove uno dei due rivali dichiara di arrendersi, fa vincere automaticamente l'altro. Che cosa risponderebbe

---

[1] La data 1991 si riferisce alla dichiarazione d'indipendenza di Slovenia e Croazia (la prima), mentre quella del 2008 alla dichiarazione analoga del Kosovo (l'ultima), non accettata però dalla Serbia.

Gorbaciov a tale obiezione? Risponderebbe come una persona democratica, e cioè d'aver fatto tutto il possibile per eliminare la dittatura nel proprio paese.

Ricordo che quando implose l'Urss, ci fu chi sosteneva che, pur di non cadere nel confronto con gli Stati Uniti, Gorbaciov, in politica interna, avrebbe dovuto rinunciare a molte delle sue pretese di democraticità. Cioè se il prezzo per realizzare i propri obiettivi doveva essere il crollo del sistema, allora il prezzo è stato troppo alto. Prima di fare qualunque passo unilaterale in direzione della democrazia e della pace, si sarebbe dovuto pretendere di più da parte del proprio nemico storico.

Gorbaciov invece fece il ragionamento inverso. Rischiò, offrendo condizioni che gli Stati Uniti non avrebbero potuto rifiutare, e lo fece nella speranza che la democrazia si allargasse verso la *giustizia sociale* anche all'interno dell'Occidente.

È avvenuto questo? No. Poteva avvenire? Forse. Di sicuro in politica estera ci voleva, da parte di Gorbaciov, maggiore prudenza, meno ottimismo ad oltranza, meno fiducia nella propria capacità carismatica, persuasiva.

Purtroppo Gorbaciov ha pagato cara la sua ingenuità, il suo grande idealismo, e non solo in politica estera, ma anche in quella interna, in quanto la sua direzione del paese durò soltanto sette anni. E in politica interna la cosa paradossale è che, pur trovandosi egli come principali nemici i vecchi stalinisti, chi ne trasse i maggiori benefici furono gli oligarchi, che presero ad affamare il paese, nella consapevolezza che le sue sterminate risorse energetiche meritavano d'essere sfruttate privatamente.

Se Gorbaciov fosse stato un giocatore di scacchi, si sarebbe dovuto dire ch'era ottimo all'attacco e scarso in difesa. Cioè non seppe far proprio il fondamentale principio leninista secondo cui "una rivoluzione che non si sa difendere, non vale nulla". Egli è stato per la Russia quel che fu Gandhi per l'India, il quale liberò sì il suo paese dal colonialismo inglese, ma non dal rapporto di sudditanza nei confronti del capitalismo in generale.

Certo non si può attribuire a Gorbaciov il ritorno della Russia al capitalismo. Infinitamente più responsabili sono stati tutti gli statisti venuti dopo di lui. Gorbaciov voleva realizzare una sorta di "terza via" tra capitalismo e socialismo statale. Non ne ebbe il tempo, anche perché la vecchia guardia stalinista riteneva che un'eccessiva democratizzazione del socialismo avrebbe inevitabilmente favorito il ritorno del capitalismo. Cosa che è puntualmente avvenuta, ma proprio per motivi contrari, cioè per una scarsa democratizzazione del paese.

D'altra parte non è immaginabile che settant'anni di dittatura non comportino strascichi sulla popolazione. Ci si dovrebbe anzi chiedere come mai il passaggio dal socialismo di stato al capitalismo sia avvenuto senza far scoppiare alcuna guerra, né interna né esterna. Sicuramente i russi hanno dato prova di maturità, anche se questa transizione viene pagata dalla miseria di milioni di persone. In Occidente siamo schiavi da tre secoli del capitalismo industriale e non so se avremo la stessa maturità quando ce ne libereremo.

A noi oggi Gorbaciov appare come uno statista che più che "costruire" un nuovo sistema, ne ha soltanto distrutto uno che aveva fatto il suo tempo. Sotto questo aspetto le sue posizioni politiche sono state prese come metafora di ciò che negli anni a venire non si dovrà fare. Ecco, in tal senso s'è già capito che questo libro non vuole essere una critica nei suoi confronti, ma un'occasione di dialogo con chi non ha perso la speranza di cambiare le cose.

I

Gorbaciov non è contrario all'idea di *rivoluzione*. Ritiene anzi che quella dell'Ottobre fu del tutto inevitabile, visto che quella di Febbraio (1917) fu solo capace di abbattere lo zarismo, ma non di risolvere i problemi della gente comune (la fine della guerra, le fabbriche agli operai e la terra ai contadini).

Tuttavia si meraviglia che, fatta la rivoluzione, non si sia trovato un accordo tra bolscevichi e socialisti-rivoluzionari per impedire lo scoppio della guerra civile. E si meraviglia che anche in Europa occidentale tra socialisti e comunisti vi siano state fratture più ampie che non tra la sinistra e la democrazia borghese.

Egli attribuisce queste spaccature ai "paraocchi ideologici", ai "calcoli egoistici a vantaggio soltanto del 'proprio' partito" (p. 22). Naturalmente non manca di sottolineare che la guerra civile in Russia (1918-22) sarebbe stata "meno crudele e meno lunga" se non ci fosse stato l'interventismo di 14 paesi stranieri.[2] Lo stesso stalinismo fu, per buona parte, alimentato dall'atteggiamento ostile dell'Occidente, anche se in realtà la dittatura si formò in un periodo di pace.

Tuttavia Gorbaciov ritiene che le rivoluzioni vadano accettate come soluzioni estreme, quando non vi è più alcuna alternativa. Egli infatti le giudica troppo violente per poterle accettare in tutta tranquillità. A suo parere "la forma ottimale di sviluppo sociale è una riforma evolutiva della società", cioè "la comune rinuncia all'intolleranza e all'estremismo" (p. 27).

Secondo lui i bolscevichi erano, tutto sommato, degli estremisti, soprattutto nei confronti degli oppositori, anche se riconosce a Lenin la capacità di saper correggere prontamente il tiro quando vedeva che le cose si mettevano male (vedi ad esempio la rivolta di Kronštadt del 1921, il comunismo di guerra...). Di sicuro Stalin non ebbe la medesima perspicacia e, con lui, non pochi altri del suo partito.

Gorbaciov attribuisce il trionfo dello stalinismo a uno stereotipo tipico dei russi, quello di credere nella capacità onnisciente del premier che, di volta in volta, li governa. Questo perché i russi non hanno mai vissuto la democrazia.

Comunque ai bolscevichi avanza una fondamentale critica (che,

---

[2] Gorbaciov sostiene che tra morti ed emigrati la guerra civile comportò una diminuzione di circa 13-15 milioni di persone.

se ci pensiamo, è la stessa che si potrebbe avanzare ai giacobini della rivoluzione francese): il loro era un modello politico *autoritario*, che trovò nello stalinismo la sua massima espressione. Aver eliminato i partiti avversari, impedendo la libertà di parola, iniziando anzi a perseguitare chi la pensava diversamente, fu un errore gravissimo, che portò a morire milioni di persone nei gulag.

In effetti, se ci si pensa, l'idea di creare il socialismo in un solo paese, senza aspettare le rivoluzioni negli altri paesi europei (che peraltro non vennero mai), poteva essere usata anche a scopi terroristici, facendo cioè credere che si era continuamente sotto assedio, per cui qualunque cittadino, in qualunque momento, per i motivi più disparati poteva diventare un "nemico del popolo". In tal senso Vyshinsky (Vyšinskij) non fu forse lo Stalin sul piano giuridico?

Se poi a questo si aggiunge il fatto che effettivamente l'Occidente capitalistico osteggiava in varie maniere lo sviluppo del socialismo in Russia, temendo ch'esso potesse avere un influsso sui propri lavoratori, è stato facile, per lo stalinismo, dimostrare d'avere "ragione". Ne ebbe così tanta che, paradossalmente, esso proseguì anche dopo la morte di Stalin, durante il periodo della cosiddetta "stagnazione", seppur in forma attenuata.

Lo stesso comunismo occidentale guardava allo stalinismo, soprattutto a quello vincitore del nazismo, con non meno grandi paraocchi ideologici. Pur di avere qualcosa da opporre allo strapotere americano, lo si guardava come a una sorta di totem da adorare. Ci vorranno il rapporto segreto di Krusciov (Chruščëv) al XX congresso del Pcus (1956), l'intervento armato in Ungheria nello stesso anno e quello in Cecoslovacchia nel 1968 prima di cominciare ad aprire gli occhi. Ma ci vorrà soprattutto la "trasparenza" di Gorbaciov prima di capire, a chiare lettere, come stavano effettivamente le cose.

Sarebbe tuttavia sciocco pensare che lo stalinismo sia stato il frutto della mostruosità di una sola persona. Considerando che Stalin è morto di vecchiaia e che il suo regime è andato avanti sino al 1985, cioè per altri trent'anni, dovremmo essere indotti ad attribuirgli delle qualità assolutamente eccezionali, che raramente s'incontrano nella storia, nei cui confronti personaggi come Hitler e Mussolini erano ben poca cosa.

In realtà la sua grandezza (perversa) stette nel saper creare un vero e proprio "sistema di oppressione" ammantato di legalità. Leggiamo a questo proposito cosa dice Gorbaciov: "Uomini arrestati per delitti inesistenti, bolscevichi inflessibili... che si piegavano. Calunniavano se stessi e i loro compagni, si dichiaravano 'nemici del popolo' e persino criminali comuni... Stalin annientò in pratica tutta la 'guardia leninista'... riscrisse, sino a renderla irriconoscibile, tutta la nostra storia dopo la rivoluzione" (p. 38).

Né il fascismo né il nazismo arrivarono a questi livelli di sofisticazione. Il "mostro" quindi era stato prodotto da un "sistema", che, a sua volta, traeva alimento dallo stesso mostro. Come nel mito di Minosse, si finiva nelle fauci del Minotauro dopo essersi persi nel labirinto.

Per creare un sistema del genere, l'ideologia doveva per forza avere un ruolo dominante. Necessariamente il sistema doveva mostrare di saper usare la stessa ideologia dei "nemici interni" che voleva eliminare, altrimenti evitare una guerra civile sarebbe stato impossibile.

Nazismo e fascismo, anche se inizialmente, per motivi propagandistici, dicevano di voler realizzare gli stessi ideali del socialismo, di fatto, quando presero il potere, perseguitavano sulla base di tutt'altra ideologia. Era quindi facile per gli oppositori scorgere in loro dei nemici assoluti, implacabili.

In Europa abbiamo avuto tre tipi di fascismo: quello franchista, quello mussoliniano e quello hitleriano, durati, rispettivamente, 40, 20 e 10 anni. Nessuna dittatura, neppura quella di Napoleone o di Carlo Magno, è durata settant'anni, proseguendo anche dopo la morte del dittatore. Se vogliamo trovare in Europa un equivalente allo stalinismo, bisogna risalire all'epoca degli imperatori romani, la cui dittatura militare, con alti e bassi, durò quattro secoli in Occidente e altri mille nell'impero bizantino. Ma erano situazioni completamente diverse, dove la parola "rivoluzione" non si sapeva neanche cosa fosse, dove il protagonismo del popolo non era certamente paragonabile a quello che si è verificato nel XX secolo.

A quel tempo non esisteva neppure l'*ideologia*, come la intendiamo oggi: al massimo svolgevano funzioni "ideologiche" il diritto e la mitologia. Le filosofie non avevano nulla di politico e coinvolgevano soltanto pochi intellettuali. In un regime di tipo schiavistico, basato sulla proprietà privata della terra, quello che conta è solo l'uso della forza. Infatti, quando si cercava, sul piano giuridico (come p.es. nel caso dei Gracchi), di realizzare una certa giustizia sociale, le classi privilegiate non si facevano scrupoli nell'opporsi usando la violenza. Potevano comportarsi così proprio perché la democrazia che si viveva nell'ambito del Senato era puramente formale. Quello infatti era soltanto un consesso di proprietari di beni mobili e immobili, ove la corruzione non era l'eccezione, ma la regola.

Sotto lo stalinismo sarebbe stato impossibile imporre una dittatura senza tener conto degli ideali della rivoluzione d'Ottobre. Stalin ebbe la pretesa di dirsi un continuatore di Marx, Engels e Lenin! Lo stesso impero bizantino non avrebbe certo potuto durare un millennio senza far propria l'ideologia del cristianesimo. Questo perché là dove esistono ideali in cui credere, là dove il potere appare come un'incarnazione di questi ideali, il popolo si sottomette più volentieri ed è più facilmente disposto a tollerarne gli abusi, pensando che siano degli incidenti di percorso o degli effetti collaterali. Anche il maoismo era perfettamente consapevole di questo, tant'è che lo si è definito uno stalinismo in veste agraria.

Probabilmente è stato per questo motivo che Gorbaciov non si diede alcun programma "ideologico". Voleva essere soltanto un uomo democratico, che decide di volta in volta cosa è bene fare per lo sviluppo del proprio paese. L'unica vera cosa che aveva in mente era quella di non poter realizzare una piena libertà democratica senza una vera giustizia sociale.

Infatti è in questa maniera che si educa la popolazione ad *autogestirsi*, a non aspettarsi dall'alto la soluzione dei propri problemi. E non è certo stato un caso che la *perestrojka*, pur partita dall'alto, è fallita proprio nel momento in cui la popolazione avrebbe dovuto viverla col massimo della responsabilità. Paradossalmente la fine della *perestrojka* ha coinciso in Russia con un ritorno ai metodi autoritari dello stalinismo, pur senza alcun riferimento alla vecchia ideologia comunista.

Va detto tuttavia che il nazifascismo fu soltanto una risposta, abbastanza improvvisata e naturalmente molto autoritaria, al pericolo di una rivoluzione comunista in Europa occidentale: un pericolo che si era fatto sentire, in tutta la sua acutezza, proprio in seguito all'Ottobre bolscevico.

Generalmente infatti la borghesia, essendo una classe che fa dell'individualismo la propria bandiera, non ama le dittature politiche, preferisce quelle *economiche*, che sono più *indirette*, più ambigue, dove non è sempre chiaro individuare un nemico. La borghesia si accontenta della dittatura del capitale e del mercato, mentre sul piano ideologico professa un certo eclettismo: essa è disposta ad andare d'accordo con tutti, basta che non si parli di *socializzare la proprietà privata*. L'unica cosa che si può "socializzare" sono le perdite dovute ai fallimenti delle imprese o al debito pubblico. Ciò che deve restare assolutamente privato sono le rendite e i profitti. Anche quando ci si associa in trust e cartelli, è la quota azionaria che decide quale azionista deve contare di più.

Oltre a un certo limite di socializzazione il capitalismo non riesce mai ad andare. Ecco perché è del tutto vano attendersi da questo sistema i presupposti sociali o materiali per realizzare il socialismo. I due sistemi, almeno teoricamente, sono agli antipodi, e quando si presume di cercare una coesistenza pacifica, è bene tenersi sempre pronti alle conseguenze che può scatenare il darwinismo sociale. Se c'è una cosa che l'Occidente non può evitare, per garantire l'obiettivo di un benessere elevato, è proprio la discriminazione di classe, appunto perché quel benessere non è in grado di garantirlo a tutti.

Sotto questo aspetto in Europa occidentale si vive una "dittatura del capitale" a partire dalla nascita dei Comuni italiani, cioè da un millennio. E questa dittatura oggi è vissuta in tutto il mondo. È come se esistesse una "mano invisibile" che si preoccupa di far conoscere al mondo intero i meccanismi perversi del sistema capitalistico. Tutti vi si devono adeguare, a prescindere da qualunque cosa.

È quindi da presumere che, in futuro, o non vi sarà mai alcuna dittatura politica della borghesia, in quanto non esisterà alcun pericolo di tipo comunista; oppure la reazione al capitalismo non avverrà più a livello nazionale, ma sarà come una reazione a catena su scala mondiale. Il primo paese che inizierà a sganciarsi dal sistema, procurerà una specie di effetto domino. A quel punto sarà impossibile che la borghesia non ricorra a tutti gli strumenti a sua disposizione per evitare la propria catastrofe.

Infatti le dittature economiche funzionano fintantoché esistono *colonie* da sfruttare, ma se queste iniziano a ribellarsi occorre passare alle dittature militari. Per imporsi la borghesia, storicamente, non ha usato soltanto i capitali, ma anche le armi, e queste non ha smesso certo di usarle: negli Stati Uniti l'apparato militare è addirittura un tutt'uno con quello industriale.

Oggi la borghesia non è più capace di avere ideali in cui credere: se li è già giocati tutti quando ha dovuto abbattere il feudalesimo. Oggi qualunque suo ideale appare come una forma d'ipocrisia, in quanto viene sistematicamente contraddetto dalla pratica. Il feudalesimo, basato sull'aristocrazia di sangue, non era un fenomeno mondiale (come non lo era stato lo schiavismo), e non lo era neppure il capitalismo quando gli subentrò. Oggi invece il capitalismo lo è diventato (viene chiamato eufemisticamente "globalismo") e si serve di strumenti internazionali per governare (dal Fondo Monetaria alla Banca Mondiale, ecc.). Qualunque cosa gli si faccia per indebolirlo seriamente in un qualunque punto della Terra, ha inevitabilmente ripercussioni sul resto del pianeta.

Paradossalmente il capitalismo quanto più si fortifica a livello internazionale, tanto più pone le condizioni del suo superamento: sono straordinari i paralleli coi destini dell'impero romano. Nessun sistema antagonistico può essere governato con l'uso della mera forza, e tanto meno lo è quanto più si allarga geograficamente.

Una volta esistevano le Internazionali che coordinavano le strategie dei vari partiti socialisti e comunisti. Non era un'idea sbagliata, proprio perché si era capito che nell'ambito del capitalismo la concorrenza è valida sino a un certo punto: quando si tratta di lottare contro i lavoratori che chiedono l'abbattimento del capitale o anche una semplice redistribuzione del reddito, la borghesia è sempre unita. Lo è persino la piccola-borghesia, che pur tende a oscillare verso posizioni proletarie. Anzi, le dittature nazi-fasciste (che non si opposero mai al grande capitale) furono un fenomeno di massa proprio grazie alla piccola-borghesia. Come quando, durante l'impero romano, gli imperatori giustificavano le loro dittature dicendo che dovevano difendere gli interessi delle plebi urbane.

È probabile che si ricostituirà una nuova Internazionale quanto più si acuiranno e si estenderanno gli antagonismi su scala globale. Certamente non possiamo aspettarci di trovare un'alternativa in popolazioni cosiddette "barbariche", ancora ferme allo stadio dell'autoconsumo e del baratto. Il capitalismo ha fatto piazza pulita di tutto. Ormai siamo arrivati al punto che nessun aiuto può più venire dall'esterno.

II

Indubbiamente Gorbaciov era giunto a capire che una proprietà completamente statalizzata (e per lui lo era anche quella colcosiana) non può che favorire la dittatura del partito unico. Tuttavia non è mai arrivato a parlare (almeno non in questo libro) di *progressiva estinzione dello Stato*.

Ha parlato di pluripartitismo, di libere elezioni, di un'economia di mercato mista, di un nuovo Stato federale... Ha cercato anche di separare, quand'era premier, le funzioni dello Stato da quelle del Pcus. Poi si è dovuto arrendere al fatto che la maggioranza del partito non ne voleva sapere di perdere i propri privilegi, le proprie abitudini: e questa parte appoggiò il golpe del 1991, che però portò la Russia dalla padella alla brace.

La lezione di quei sette anni di *perestrojka* e di *glasnost* è stata significativa: nessuna vera rivoluzione in campo economico e politico può venire dall'alto, almeno non senza un consenso popolare molto ampio. *Prima* bisogna convincere il popolo che deve sentirsi padrone del proprio destino, e solo *dopo* bisogna esigere che il potere cambi direzione. È la società che deve anzitutto ristrutturarsi in maniera democratica, e non potrà mai farlo se all'ordine del giorno non pone anzitutto il tema della propria *autogestione*, dell'*autoconsumo*, della *cooperazione paritetica*, basata non sul valore di scambio ma sul *valore d'uso*.

Stato e mercato sono due mostri che vanno abbattuti con la forza, che può anche essere progressiva, ma non può non essere risoluta. Non si può pensare di democratizzare uno Stato autoritario aprendo le porte al mercato. Non può esistere una progressiva evoluzione verso la democrazia e il socialismo autogestito quando i due nemici da abbattere rappresentano l'esatto contrario.

Forse l'ingenuità più grande di Gorbaciov è stata proprio questa, nell'aver creduto possibile un'autoriforma da parte di istituzioni che non dovrebbero neppure esistere. Ha pensato di ridurre i poteri al mostro Scilla (cioè il partito unico e lo Stato totalitario), senza rendersi conto che l'altro mostro, Cariddi (cioè il mercato), non poteva in alcun modo costituire una valida alternativa.

Resta encomiabile il suo sforzo, la sua generosa utopia, sicuramente molto più lungimirante di quelle concezioni politiche che, temendo un ritorno del capitalismo, avrebbero preferito "democratizzare" lo stalinismo. Sapeva bene, infatti, che se si fosse limitato a questo, avrebbe fatto la fine di Krusciov.

Eppure tutti i problemi sono rimasti sul tappeto. Un paese come la Russia non sa neanche lontanamente cosa sia la democrazia, esattamente come non lo sanno le economie di mercato, dove la democrazia è soltanto una maschera politica della dittatura economica.

Che Gorbaciov non abbia capito la necessità di superare lo Stato da parte della società è dimostrato anche dal fatto ch'egli continuamente paragona gli indici produttivi del suo paese con quelli dei paesi capitalistici più avanzati. Come se non sapesse che gli alti indici produttivi di questi paesi (in qualità e quantità) sono *tutti* pagati da uno sfruttamento disumano del Terzo mondo, oltre che naturalmente dallo sfruttamento dei loro propri lavoratori.

Se ci si mette a confronto con paesi del genere, inevitabilmente si fa il gioco di quegli stalinisti che pensavano di avere un paese migliore proprio perché si limitava a sfruttare le risorse interne. Non è assolutamente pensabile raggiungere gli indici produttivi del capitalismo avanzato, anche perché essi sono principalmente *economici* e solo secondariamente *sociali*.

Il capitale considera il benessere sociale, la qualità della vita come una inevitabile ricaduta positiva del benessere economico, cioè della possibilità di realizzare profitti. Per il capitalismo la deflazione è un dramma peggiore dell'inflazione. Chi smette di acquistare merci in maniera compulsiva, perché pensa di averne molto meno bisogno, viene considerato un soggetto pericoloso, da emarginare. Chi parla di autoconsumo viene considerato al pari di un eretico ai tempi del Medioevo. Essendo lo Stato nettamente al servizio del capitale e dei mercati, la borghesia non avrebbe alcuna difficoltà a impedire lo sviluppo dell'autoconsumo.

Sarebbe quindi stato meglio che Gorbaciov si fosse limitato a chiedersi in che maniera il socialismo statale aveva sfruttato le proprie risorse interne. Egli si lamenta che la Russia, non essendo mai riuscita a raggiungere i livelli standard di qualità dell'Occidente, al massimo riusciva a esportare petrolio e gas, estratti soprattutto dalla Siberia. Come se oggi, dopo la reintroduzione del capitalismo, esporti qualcosa di diverso! Petrolio e gas sono la spina dorsale dell'economia russa e assicurano oltre la metà delle entrate pubbliche del Paese.

Per raggiungere gli standard dell'Occidente ci vorrebbe troppo tempo. La Cina, p. es., sta cercando di bruciare le tappe, ma a che prezzo? La manodopera viene altamente sfruttata, i diritti non si rispettano, a livello politico-istituzionale la dittatura è rimasta quella di prima, sul piano del commercio internazionale si cerca di rispettare meno regole possibili. E, nonostante questo, la qualità dei prodotti resta inferiore, anche se indubbiamente risultano appetibili alle fasce sociali con redditi bassi.

Dopo la dura repressione di Tienanmen (1989), l'ala liberal-democratica del partito è stata epurata, gli attivisti filo-democratici rinchiusi in carcere o costretti all'esilio. L'implosione dell'Urss nel 1991 ha indotto i dirigenti del Pcc a credere che l'unico modo di salvare il paese e lo stesso partito era di abbracciare il capitalismo. È stata così varata una serie di riforme che, nei due decenni seguenti, ha portato l'economia cinese a diventare una superpotenza economica globale. La classe media, in forte espansione, pare adeguarsi all'autocrazia, a patto ovviamente che possa arricchirsi con una certa facilità. E quando non vi riesce, il partito ha subito pronta la motivazione: "la colpa è dell'Occidente, che vede la Cina come un pericoloso rivale". Detto questo, l'attacco, in politica interna, è contro l'uso di talune idee tipiche del liberalismo occidentale, quali le leggi parlamentari, la costituzione democratica, i diritti umani, la democrazia politica, la libertà di stampa, ecc.

La Russia di Putin non riesce ad avere questa spregiudicatezza. Al massimo ce l'hanno le sue organizzazioni criminali o gli oligarchi. Se la Russia fosse un paese cinico come la Cina, avrebbe conservato lo stalinismo sul piano politico, aprendosi al capitalismo solo sul piano economico. Quindi, nonostante che la Russia abbia imponenti riserve di petrolio e di gas, è la Cina quella destinata a subentrare, in un futuro non molto lontano, ai paesi capitalistici avanzati. Prima però dovrà dimostrare essere un paese formalmente "democratico" sul piano sia giuridico che politico. Questo è un requisito fondamentale del capitale, che non può fare a meno della libertà formale. Ma probabilmente ciò le riuscirà molto facile quando si farà paladina del Terzo mondo.

In effetti il vero problema, quello che Gorbaciov non è riuscito a risolvere, perché neppure se l'era posto, è che bisogna non tanto sviluppare la democrazia, rendendo magari più democratico il socialismo, ma è proprio quello di come "uscire dal sistema", intendendo per "sistema" la civiltà in generale.

Gorbaciov si stupisce alquanto che la Russia stalinista e post-stalinista si fosse quasi completamente estraniata dalla scienza e dalla tecnica occidentali (p. es. la cibernetica veniva considerata una pseudo-scienza). Tuttavia il problema non sta nel come saper rincorrere i progressi altrui, presi in sé e per sé, senza chiedersi in quale contesto sociale svilupparli. Tutti i progressi tecnico-scientifici che avvengono in Occidente sono dettati dalle esigenze dell'antagonismo sociale. Non ha alcun senso cercare di riprodurli, pensando di poterli utilizzare in un contesto privo di quegli antagonismi. Le priorità, per la qualità della vita, non possono essere stabilite dagli obiettivi che il capitalismo ha raggiunto sul piano tecnologico. Scienza e tecnica, di per sé, non hanno mai garantito alcuna *umanizzazione* nei rapporti sociali. Bisogna cercare d'essere migliori sul piano *umano*, che è quello in cui l'Occidente, abituato da un millennio ai conflitti sociali di tipo borghese, è più deficitario.

A dir il vero l'Europa occidentale è dai tempi della civiltà minoico-cretese che si sente lacerata da rapporti antagonistici. Anzi, le prime forme di schiavismo, nel mondo, sono apparse circa 6000 anni fa, con la nascita delle prime civiltà (fluviali), e da allora, nonostante le battaglie a favore dell'emancipazione, non si è più riusciti a tornare indietro. Si sono soltanto modificate le forme dello sfruttamento, che oggi, in maniera particolare, non riguardano più soltanto gli esseri umani, ma anche la natura.

La stessa idea stalinista di tenere unita una nazione col pugno di ferro, pur di non farla occupare da potenze straniere, era una contraddizione in termini: sia perché non ha senso impedire una dittatura con un'altra dittatura, sia perché è l'idea stessa di nazione, tipicamente borghese, che va superata, sia perché, infine, il meglio di sé una popolazione lo dà quando cerca di liberarsi dell'occupazione arbitraria del proprio territorio da parte di uno straniero. Sono semmai le classi privilegiate che, pur di conservare almeno una parte del loro potere, tendono a cercare dei vergognosi compromessi con le potenze straniere che vogliono occupare i loro territori.

Tuttavia i veri problemi vengono subito dopo, quando si cerca di costruire un'alternativa alla dominazione straniera. La Russia aveva già subìto l'oppressione dei Mongoli, ma, dopo averli vinti, non seppe fare altro che ripristinare il feudalesimo accentrando il dispotismo autocratico degli zar. E così, quando lo stalinismo si liberò del nazismo, in politica interna vi fu una nuova ondata di terrore, soprattutto nei confronti degli ex prigionieri di guerra.

Il vero problema da affrontare sembra essere diventato non più quello di come liberarsi delle dittature, ma quello, difficilissimo, di come costruire un'*alternativa* davvero praticabile. Noi abbiamo perso completamente la *memoria storica* di quando vivevamo senza Stati e senza mercati. Ma se non recuperiamo questa memoria, siamo destinati a ripetere gli errori del passato: cambiamo soltanto le forme e i modi.

III

Gorbaciov è stato indubbiamente un grande diplomatico. Il mondo intero l'ha riconosciuto, e non a caso gli ha conferito il premio Nobel per la pace. È stato lui a porre fine alla guerra fredda e a iniziare il progressivo disarmo nucleare. Concetti come "equilibrio del terrore", "riarmo atomico", "deterrenza nucleare", "psicologia dell'assedio"... hanno fatto posto ad altri più ottimistici, alcuni formulati anche prima di lui: "coesistenza pacifica", "distensione", "disarmo nucleare", "interdipendenza degli interessi", "interconnessione dei problemi", "scambi commerciali reciprocamente vantaggiosi", "lotta comune contro il terrorismo", ecc. Interessante è stata anche la dichiarazione sovietica secondo cui, in caso di guerra, il loro Stato non avrebbe mai usato per primo l'arma nucleare: una dichiarazione che gli americani non hanno mai voluto sottoscrivere, sapendo bene che, quando sono in gioco gli ordigni nucleari, chi spara il primo colpo ottiene un vantaggio decisivo.

È stato proprio Gorbaciov a farci capire che in caso di conflitto nucleare non ci sarebbero stati né vinti né vincitori, proprio perché tutta l'umanità ne sarebbe uscita sconfitta. Di questo non smetteremo mai di essergli grati. Peraltro proprio sotto la sua dirigenza fu chiaro a tutto il mondo, in forza dell'incidente di Černobyl', a quali enormi rischi si poteva andare incontro usando materiale radioattivo a scopo civile. Quello usato a scopi militari contro il Giappone, di cui gli americani non si sono mai pentiti, è stato un nulla rispetto a quello di cui si dispone oggi. Ecco perché la denuclearizzazione civile e militare dovrebbe essere un imperativo categorico di qualunque paese della Terra, e chi più possiede centrali e ordigni atomici dovrebbe essere il primo a dare il buon esempio, smettendola di dichiarare guerra agli Stati che vorrebbero percorrere la stessa strada.

Le armi di distruzione di massa, atomiche o di altro genere, non possono appartenere ai primi Stati che sono riusciti a produrle, né ai loro alleati, né a quelli che hanno mezzi sufficienti per riprodurle o per acquistarle.[3] Armi di questo genere andrebbero bandite dall'umanità, e l'Onu

---

[3] Hanno assemblato e testato ordigni nucleari prima del 1° gennaio 1967: Stati Uniti, Russia, Regno Unito, Francia e Cina (i cinque membri permanenti del Consiglio di sicurezza delle Nazioni Unite). Hanno sviluppato *in proprio* e sono in possesso di armamenti nucleari: India, Pakistan, Corea del Nord e Israele (il governo israeliano non ha però mai confermato ufficialmente di possedere un arsenale nucleare). Il Sudafrica allestì un arsenale nucleare tra la metà degli anni

(un organismo internazionale teoricamente rappresentativo del mondo intero e non solo delle cinque nazioni che hanno vinto la seconda guerra mondiale) dovrebbe poter agire in libertà su tutto il pianeta, controllando l'effettivo rispetto delle regole. Chi dispone di armi atomiche o comunque di distruzione massiva e non ha intenzione di smantellarle, dovrebbe essere espulso dagli organismi internazionali e boicottato nei commerci. Se gli attuali organismi internazionali non sono in grado di garantire questo, se ne dovrebbero istituire di nuovi.

Da questo punto di vista si resta abbastanza sconcertati nel vedere con quanta ingenuità i paesi che fino al 1991 venivano considerati "satelliti" dell'Urss, si gettino a braccia aperte nel capitalismo occidentale, nella Nato, nell'Unione Europea. Come se per settant'anni non avessero atteso altro; come se non avessero mai visto coi loro occhi di cosa sia capace la dittatura del capitale; come se la storia non avesse nulla da insegnare. Romania e Polonia hanno già dovuto accettare un sistema di difesa antimissilistico voluto dal presidente Obama. In Polonia vi sono già dei missili Patriot con capacità offensiva. La repubblica Ceca ha installato una potente base radar, analoga a quella turca.

È giusta, tuttavia, l'idea di Gorbaciov secondo cui ogni paese si deve rendere conto da solo della necessità di poter compiere delle scelte

---

Settanta e la fine degli anni Ottanta, ma scelse spontaneamente di smantellarlo nel 1991 (al 2011 esso rimane l'unico tra i paesi che hanno costruito armi nucleari ad aver completamente smantellato di sua volontà il proprio arsenale). I neo-indipendenti Stati di Bielorussia, Kazakistan e Ucraina si trovarono a gestire armi nucleari ex-sovietiche dopo la dissoluzione dell'Urss, e hanno deciso di smantellarle o di restituirle alla Russia entro il 1997. La Nato invece ha messo a punto la dottrina "nuclear sharing" (condivisione nucleare) con cui intende preparare gli Stati aderenti, non dotati di propri arsenali nucleari, all'uso, previo specifico addestramento, di armi nucleari tattiche in caso di conflitto. A tutto il 2008 i paesi Nato che hanno aderito al suddetto programma sono il Belgio (10-20 testate dislocate nella base aerea di Kleine Brogel), la Germania (10-20 testate nella base aerea di Büchel), l'Italia (50 testate nella base aerea di Aviano e 20-40 testate in quella di Brescia-Ghedi, ove il personale militare è completamente italiano, che ne sorveglia lo stoccaggio e ne detiene i codici di attivazione), i Paesi Bassi (10-20 testate nella base aerea di Volkel) e la Turchia (50-90 testate nella base aerea di Adana). Armi nucleari statunitensi sono state inoltre dislocate in Canada fino al 1984, in Corea del Sud fino al 1991, in Grecia fino al 2001 e nel Regno Unito fino al 2008. I paesi che hanno tentato di dotarsi *in proprio* di armi nucleari, senza però riuscirvi, sono stati: Germania, Giappone, Jugoslavia, Svezia, Svizzera, Egitto, Taiwan, Corea del Sud, Iraq, Libia, Brasile, Argentina, Romania, Algeria. Gli Stati accusati di possedere un programma nucleare militare sono stati: Spagna, Arabia Saudita, Iran e Siria.

in autonomia. L'importante è che sia davvero *tutto* il paese a scegliere e non soltanto qualche gruppo dominante e oligarchico, come sta succedendo oggi in Ucraina, dove si è voluto far passare un colpo di stato, contro un governo legittimamente votato, per un atto di "volontà popolare". I popoli ingenui e sprovveduti s'illudono sempre che chi verrà a "liberarli" non verrà a "occuparli".

Tutta l'Europa occidentale è già caduta in questo tranello alla fine della seconda guerra mondiale, e il piano Marshall non fece che avvalorare l'idea del "gigante buono", che doveva proteggerci dalle mire dell'"orso cattivo". I popoli, in genere, vivono la storia secondo parametri del tutto mitologici, e gli intellettuali che lo sanno, non fanno altro che approfittarne.

Fu assai perspicace il Manzoni quando, scrivendo a proposito dei Franchi, scesi in Italia per sconfiggere i Longobardi e prendere il loro posto, concluse il famoso coro dell'*Adelchi* con questi splendidi versi:

> Il forte si mesce col vinto nemico,
> Col novo signore rimane l'antico;
> L'un popolo e l'altro sul collo vi sta.
> Dividono i servi, dividon gli armenti;
> Si posano insieme sui campi cruenti
> D'un volgo disperso che nome non ha.

Bene fa Gorbaciov a ricordare che non tutto il male viene per nuocere. Gli storici, infatti, possono dire quel che vogliono della rivoluzione d'Ottobre, ma resta assodato ch'essa accelerò la caduta dell'impero coloniale europeo. Lo fece anche la vittoria dell'Urss sul nazi-fascismo. La stessa libertà ai "paesi satelliti" fu riconosciuta da un Pcus ch'era ancora al potere. Quando mai gli Usa hanno tolto spontaneamente le loro basi Nato dopo la fine della guerra fredda? Semmai hanno fatto il contrario: ne hanno allestite di nuove anche in quei paesi che ne erano prive, come nei Baltici e nei Balcani (in Medio oriente, nel Golfo Persico, in Asia centrale... le loro basi militari hanno altri nomi).[4] Gli statunitensi posseggono o controllano tra 700 e 800 basi militari in almeno 156 paesi del mondo, coprendo una superficie totale di oltre due milioni di ettari (cosa che farebbe del Pentagono uno dei più grandi proprietari terrieri del pianeta). In totale i militari sarebbero circa 1,4 milioni.

Paesi come l'Egitto, la Turchia, l'India, il sud-est asiatico, la

---

[4] Elenco dei paesi membri della Nato: Albania, Belgio, Bulgaria, Canada, Cekia, Croazia, Danimarca, Estonia, Francia, Germania, Grecia, Islanda, Italia, Lettonia, Lituania, Lussemburgo, Norvegia, Paesi Bassi, Polonia, Portogallo, Regno Unito, Romania, Slovacchia, Slovenia, Spagna, Stati Uniti, Turchia, Ungheria.

Mongolia, il Messico e tanti altri (p. es. Angola e Mozambico) devono la loro indipendenza all'Urss, che, in un modo o nell'altro, economico o militare o anche soltanto diplomatico, li ha enormemente favoriti. La stessa Polonia, che pur mostra di odiare ferocemente i russi, dimentica che se non ci fossero stati loro, sarebbe stata una regione sottosviluppata della Germania: cosa che puntualmente sta avvenendo oggi, dopo che da un pezzo è finita l'illusione di Solidarność di poter realizzare, in nome del cattolicesimo, una terza via tra socialismo statale e capitalismo privato.

Anche i Paesi Baltici un minimo di gratitudine dovrebbero mostrarla nei confronti della Russia, poiché, in fondo, ai tempi dello stalinismo post-bellico non furono mai trattati come colonie da sfruttare economicamente. Dovrebbero anzi chiedersi se l'attuale egemonia economica che sta esercitando su di loro l'Occidente non sia imbarazzante in un'epoca in cui il colonialismo dovrebbe essere considerato un concetto superato. Ma questo vale anche per la Romania, l'Ungheria, la Bulgaria e altri paesi est-europei: possibile che nessuno arrivi mai a chiedersi se l'unica alternativa possibile alla dittatura politica dell'ex-Urss debba essere quella economica dell'Unione Europea?

Noi europei non ci rendiamo neppure conto che l'idea stessa di "Stato sociale" (che molti considerano il fiore all'occhiello della democrazia economica), s'è imposta come conseguenza della rivoluzione d'Ottobre. Dopo il crac borsistico del 1929 tutto il mondo capitalistico temeva un'analoga rivoluzione in Occidente: si cercò di evitarla proprio con un intervento diretto da parte dello Stato nell'economia, che negli Usa prese il nome di *New Deal*. Non era bastato il disastro della prima guerra mondiale a imporre una soluzione del genere. Persino quando andarono al potere i nazisti e i fascisti, si cercò di emulare lo Stato sociale di tipo sovietico, con la differenza che in Europa e negli Usa lo Stato doveva comunque favorire i monopoli privati.

Il fatto è che quando si è abituati alla passività e a non prendere mai decisioni importanti sulle cose che contano, la memoria diventa labile, si vive solo il presente e si diventa miopi circa il proprio futuro. Non si riconoscono meriti alla Russia anche perché i mass-media assolutamente lo impediscono. Questo perché noi ci sentiamo internazionali solo nella misura in cui gli altri ci somigliano.

Ancora oggi, a distanza di settant'anni, l'opinione pubblica dell'Europa occidentale ritiene che a liberarci dal nazi-fascismo siano stati *soltanto* gli americani, i quali han dovuto mettere le loro basi militari per difenderci da un'eventuale aggressione sovietica (e ci si dimentica di aggiungere che l'equivalente Patto di Varsavia fu istituito soltanto *dopo* la Nato, cioè nel 1955, una settimana *dopo* che la Germania ovest era entrata nella Nato, istituita nel 1949). Ci siamo bevuti questa storiella inventata dagli storici di regime e da settant'anni siamo sotto occupazione yankee e, a tutt'oggi, non si vede il modo di uscirne.

Ormai è passato un quarto di secolo dalla fine dell'Urss, ma a nessun politico europeo è venuto in mente di chiedere la chiusura delle basi Nato e l'allestimento, in sostituzione, di un unico esercito europeo. Peraltro le basi Nato sono in buona parte a carico dei contribuenti europei, i quali, così, si trovano a dover pagare due forme diverse di difesa. L'Italia, che è il quinto avamposto statunitense nel mondo per numero di installazioni e il secondo in Europa (dopo la Germania) spende circa il 40% del totale del costo di tutte le basi straniere sul proprio territorio, le quali peraltro fruiscono della extraterritorialità, quella per cui se qualche loro militare combina dei guai, che comportino anche uccisioni di civili (basti pensare agli incidenti di Ustica e del Cermis), non può essere giudicato dai nostri tribunali. Inoltre queste basi sono fornite di armi nucleari e vengono usate dagli aerei per bombardare i paesi a noi confinanti, al fine di adempiere alla cosiddetta "missione di pace" voluta dall'Onu, come già accaduto con la Serbia di Milošević. Tutto ciò - neanche a dirlo - è in palese contraddizione col nostro dettato costituzionale, che vieta l'uso della guerra per risolvere controversie internazionali.

IV

Bisogna ammettere che Gorbaciov ha avuto il merito d'indurre a riflettere più di qualunque marxista contemporaneo, ortodosso o eterodosso che sia. Prendiamo ad es. uno dei capitoli più importanti del libro, quello dove mette a confronto il socialismo statale col capitalismo privato.

Gorbaciov avrebbe dovuto fare soltanto il diplomatico o il ministro degli esteri, poiché ha un'altissima capacità mediativa e persuasiva. Nel suddetto capitolo, infatti, ambisce a trovare una terza via tra socialismo statale e capitalismo privato, compiendo un'operazione di questo genere: *socializzare* le conquiste del capitalismo e *modernizzare* quelle del socialismo, facendo della democrazia sociale e politica il terreno comune per entrambi i sistemi.

Da un lato vuole che lo Stato controlli, senza dirigerla, l'economia di mercato; dall'altro chiede un'equa redistribuzione del reddito. Ammette che la Russia, pur avendo raggiunto vette incredibili in alcuni settori scientifici (p. es. l'aerospaziale), è rimasta molto indietro nello sviluppo dei beni di largo consumo. Egli resta, in un certo senso, abbacinato dai successi economici del capitalismo occidentale, benché veda in maniera negativa il consumismo fine a se stesso e la ricerca del mero profitto. Questo perché il capitalismo non è in grado di risolvere i problemi sociali dell'umanità (di cui la fame, la disoccupazione e l'inquinamento sono, per lui, i principali), e tanto meno i rapporti iniqui tra nord e sud.

Gorbaciov vuole una via di mezzo tra economia pianificata dall'alto ed economia lasciata libera a se stessa. Secondo lui l'alternativa non è più - come al tempo dello stalinismo e della stagnazione - tra il garantire il minimo per campare, rinunciando però alla libertà e alla democrazia, e il garantire la massima libertà possibile, lasciando che sia il mercato a decidere chi deve soccombere o no. Queste opzioni gli paiono entrambe superate, anche se si rende conto che oggi è solo la seconda a dominare.

A tale proposito, però, fa un rilievo assai giusto: essendosi il capitalismo globalizzato, si globalizzano non solo i suoi pregi ma anche i suoi difetti, i quali si esasperano in misura sempre più crescente, al punto che vien da chiedersi se davvero il capitalismo, posto di fronte alle proprie contraddizioni irriducibili, sarà in grado di fare come il socialismo statale, cioè di crollare semplicemente su di sé, senza far scoppiare alcuna guerra, né interna (civile) né esterna (regionale o mondiale).

Gorbaciov teme che l'Occidente, non avendo più un contrappeso

di cui tener conto, si senta autorizzato a procedere ancora più speditamente secondo la logica della massimizzazione del profitto. In tale prospettiva però il destino dell'ambiente è segnato, e le conseguenze verranno pagate da tutti, anche da quei paesi che non beneficiano dei vantaggi
dell'economia di mercato.

Dove sta l'ingenuità di Gorbaciov? Sta nel non vedere che economia di mercato e pianificazione statale non sono affatto due alternative,
ma due facce della stessa medaglia. Sono due facce che - come sta dimostrando l'attuale esperienza cinese - possono addirittura coesistere. Lo
Stato cinese, infatti, ha conservato il monopolio della terra, su cui permette un'ampia libertà di mercato, salvo revocarla quando pensa sia necessario farlo.

Che cosa vuole Gorbaciov? Un'economia socialista di mercato?
Vuole emulare il disegno politico di Deng Xiaoping? Cioè di colui che
disse: "Non importa se un gatto è bianco o nero, purché catturi i topi",
contraddicendo l'aforisma di Mao secondo cui "Essere rosso è più importante che essere esperto"?

La Cina si è sicuramente modernizzata e ha smantellato le rigidità del maoismo, ma ha anche ereditato i lati peggiori del capitalismo:
corruzione, insensato consumismo, devastazione dell'ambiente[5], inflazio-

---

[5] La devastazione ambientale in Cina è, a dir poco, mostruosa. Oggi essa consuma tanto carbone quanto tutto il resto del mondo: le serve per soddisfare il 70%
del suo fabbisogno energetico. Ogni anno 20 milioni di veicoli si aggiungono al
parco macchine già circolante, che è di 240 milioni di auto. L'aria, in molti centri urbani, è del tutto irrespirabile: p.es. ad Harbin il 21 ottobre 2013, città industriale di quasi 11 milioni di abitanti nel nord-est della Cina, lo smog rendeva la
visibilità nei limiti dei dieci metri; l'indice d'inquinamento relativo alle polveri
sottili era balzato a mille per metro cubo, quando si considera sicura una soglia
massima di 35; le scuole furono chiuse; il traffico aereo interrotto; la circolazione stradale vietata; la vita si era fermata per due giorni interi. L'inquinamento
provoca ogni anno in Cina la morte di 1,2 milioni di persone. Non solo, ma sono
contaminati circa i due terzi dell'acqua dolce di superficie. In base agli standard
internazionali, una disponibilità di acqua inferiore a mille metri cubi pro-capite è
definita "crisi idrica". Per gli oltre 500 milioni di abitanti che vivono nelle regioni settentrionali del paese tale indice è inferiore a 200 metri cubi pro-capite. Nei
prossimi decenni si pensa che il fiume Yangtze rischierà di non sopravvivere, e
le sue risorse sono oggi fondamentali per mezzo miliardo di persone che vivono
nelle regioni più prospere del Paese. Il fiume è soffocato da scarichi fognari non
trattati, da sversamenti agricoli e inquinanti industriali; negli ultimi cinquant'anni il suo livello d'inquinamento è aumentato del 73%. Più in generale le cause
principali d'inquinamento del terreno dipendono da un uso eccessivo di pesticidi
(la Cina li adopera in quantità superiore da tre a cinque volte per ettaro rispetto

ne, spaventosa sovrappopolazione urbana... E come ha reagito, nella seconda metà degli anni Ottanta, quando la società cominciò a chiedere una maggiore democratizzazione del sistema politico? Ha represso duramente le manifestazioni. Il governo cinese si era convinto che se avesse accelerato la modernizzazione economica in direzione del capitalismo (parzialmente controllato dallo Stato), la popolazione avrebbe rinunciato a chiedere maggiore democratizzazione a livello politico. E, tutto sommato (se si esclude la parentesi di Tienanmen), così è stato.

Oggi la Cina è uno dei primi paesi al mondo quanto a prodotto interno lordo, investimenti internazionali, riserve di valuta straniera e di metalli pregiati. Eppure sul piano politico non ha fatto alcuna vera concessione. Quanto tempo potrà durare una situazione del genere? Là dove è presente il monopartitismo fino a che punto è possibile sacrificare l'ideologia all'economia? È davvero questo quello che vuole Gorbaciov? Cioè uno Stato che abbia la *proprietà* ma non la *gestione* dei fondamentali mezzi produttivi, i cui cittadini siano liberi di cercare capitali dove vogliono e di realizzare i profitti che vogliono?

In altre parole: là dove si accetta uno sviluppo capitalistico dell'economia, cioè un mercato dei capitali e della forza-lavoro, ha ancora senso parlare di "socialismo"? Il socialismo che il governo cinese pensa di poter continuare a conservare sul piano politico può essere davvero definito con questo nome? O si tratta semplicemente di una forma di controllo statale dell'economia, che, in qualunque momento, potrebbe assumere vesti autoritarie? Il governo cinese non si sta forse illudendo di poter tenere sempre sotto controllo, in forza del proprio autoritarismo, le inevitabili contraddizioni che scoppiano quando si favorisce un'economia di mercato?

La realtà è che socialismo statale o di mercato e capitalismo privato sono - come già detto - tutte facce di una stessa medaglia. Non si esce in alcun modo né dallo sfruttamento del lavoro altrui né da quello della natura. Stati e mercati continuano a giocare ruoli dominanti. Tutto viene misurato in riferimento a parametri produttivi che di *umano* e di *naturale* non hanno nulla. Qualunque soluzione si ponga al problema dello sfruttamento non solo risulta essere un palliativo, ma finisce anche col creare problemi ancora più grandi.

Il solo sviluppo del capitalismo europeo industrializzato ha provocato due guerre mondiali: di mondiale vi è stata anche la guerra fred-

---

alla maggior parte degli altri paesi), dai metalli pesanti dovuti all'irrigazione con acqua inquinata e dalle piogge acide provocate dalla combustione del carbone. Il lassismo nell'applicazione delle leggi riguardanti l'ambiente va di pari passo con l'ossessione per la crescita economica a tutti i costi.

da, il cui principale protagonista sono stati gli Usa, i quali, dopo l'implosione dell'Urss, si sono posti l'obiettivo di egemonizzare l'intero pianeta. Ora che hanno abbracciato il capitalismo sia la Russia che la Cina, come si potrà evitare una nuova guerra mondiale, visto che non può esserci capitalismo senza sfruttamento di risorse altrui? E come potrà starsene in disparte un colosso demografico come l'India, che tra un decennio avrà più abitanti della Cina?

V

Una delle principali riflessioni che indusse Gorbaciov a fare la *perestrojka* fu la seguente: fino a che punto si può cercare d'essere democratici quando il nemico non lo è? Non si rischia di dovergli fare troppe concessioni? Si può forse ignorare che, con le armi di cui dispone, il nemico potrebbe distruggerci in qualunque momento, se non cercassimo d'avere una difesa almeno equivalente?

Come noto, Gorbaciov ribaltò il tenore di queste domande, con cui - secondo lui - s'erano giustificate le cose peggiori nel suo paese: stalinismo, stagnazione e guerra fredda.

Anzitutto cominciò a dire che parlare di "nemico" è sbagliato, poiché è un termine che guasta i rapporti umani, le relazioni internazionali. Esistono soltanto persone "differenti", sistemi sociali "diversi": ipostatizzare che qualcosa o qualcuno sia un nemico irriducibile favorisce, in casa propria, una sorta di *psicosi dell'assedio*, che può anche portare a svolte autoritarie e che, in ogni caso, logora emotivamente, inducendo a supporre sempre dei secondi fini in tutto ciò che gli altri dicono o fanno. Non a caso i dittatori sono sempre sospettosi di tutto e di tutti; il che li porta a sviluppare atteggiamenti ambivalenti, che vanno dalla megalomania alla paranoia e, per questo motivo, amano circondarsi di persone mediocri, abituate alla piaggeria.

Se esistono degli avversari, bisogna verificarlo di volta in volta, caso per caso, ma non può essere una situazione, un evento, fosse anche reiterato, a fare di un avversario un nemico implacabile, anche perché si rischia, così facendo, che lo diventi davvero. Gli avversari vanno conquistati con la *forza dell'esempio*, e il modo migliore per farlo è quello di dimostrare che si è più *democratici* di loro.

In tal senso non ci può essere alcun limite alla democrazia. Cioè non si può rinunciare a sviluppare, in casa propria, il senso della democrazia solo perché si teme che, al di là del nostro cortile, qualcuno ne approfitterà per farci del male. Se la democrazia è forte, lo sarà anche la capacità di resistere al male.

Gorbaciov rimproverava a Krusciov (e anche ad Andropov) di non essere stati abbastanza coerenti e risoluti su questo punto; quando si iniziano dei processi democratici, perché se ne avverte una forte esigenza, bisogna andare sino in fondo: deludere le aspettative delle masse popolari non farà che peggiorare la situazione.

La seconda cosa che disse Gorbaciov fu la seguente: se non esiste un nemico ipostatizzato, non ha alcun senso sviluppare il nucleare in ambito militare. L'avversario non va annientato "fisicamente", ma conquistato "moralmente" e, se si vuole, anche "politicamente", ma solo con *la forza dell'esempio*, ammesso e non concesso che davvero l'avversario non abbia nulla da insegnarci.

Impiegare infinite risorse per produrre armi di distruzione di massa, che potrebbero annichilire l'intero pianeta più e più volte, è semplicemente folle: bisogna far capire all'umanità che tutti possiamo sentirci tanto più sicuri quanto più siamo *disarmati*. Nel terrore non esiste alcun vero equilibrio, poiché in qualunque momento può accadere qualcosa d'irreparabile, d'imprevedibile, d'irreversibile, di assolutamente involontario, soprattutto quando si dispongono di ordigni nucleari. Persino un semplice incidente tecnico può essere interpretato male, quando i rapporti sono basati sulla reciproca sfiducia. E anche quando viene interpretato per quello che effettivamente è stato, i suoi effetti possono comunque essere devastanti. L'Urss non ebbe solo giganteschi problemi dalla centrale di Černobyl', ma anche dai sottomarini nucleari K-19 e K-141 Kursk (quest'ultimo, per un controverso incidente, il 12 agosto 2000 finì in fondo al mare di Barents). Già nel 1957 a Kyshtym un bidone di rifiuti radioattivi prese fuoco ed esplose, contaminando migliaia di chilometri quadrati di terreno ed esponendo alle radiazioni circa 270 mila persone. L'anno dopo, negli Urali, esplose un deposito di scorie radioattive, che comportò centinaia di morti, decine di migliaia di contaminati e migliaia di chilometri quadrati ancora oggi recintati. E con esempi del genere si potrebbe andare avanti per un bel po'.

È dal 1952 (Chalk River, in Canada) che abbiamo incidenti nucleari e, se guardiamo i luoghi in cui sono avvenuti (basta fare una semplice ricerca in Internet), non siamo neppure in grado di quantificare le persone coinvolte. Non c'è paese occidentale che non abbia subito "traumi radioattivi", nel senso che fino ad oggi ne hanno pagato le spese anche quelli che non dispongono di centrali o di ordigni nucleari entro i loro confini, proprio perché gli effetti contaminanti che avvengono nell'aria, nell'acqua o nella terra sono assai poco controllabili (anche perché di lunga durata). Senza considerare che su questi effetti e sulla stessa dinamica degli incidenti le autorità dicono poco e nulla. L'unica cosa certa che sappiamo è che dal 1952 ad oggi gli incidenti non hanno mai avuto una battuta d'arresto: questo a testimonianza ch'essi avvengono indipendentemente dal grado di efficienza della tecnologia.

Il mondo quindi doveva sapere - nella visione ottimistica e propositiva di Gorbaciov - che la Russia avrebbe cercato di conservare solo quelle armi sufficienti a garantire una *difesa nazionale*, ma non un attacco contro un paese straniero, e chiedeva a tutti gli altri di agire nella stessa maniera. Un disarmo progressivo, specie nel campo delle armi più pericolose per le sorti dell'umanità, avrebbe reso tutti più sicuri, avrebbe favorito gli scambi culturali e commerciali, avrebbe permesso d'impiegare le proprie risorse economiche in settori più produttivi, più utili allo sviluppo del benessere.

Non bastava più limitarsi a dire che non si sarebbe usata per primi l'atomica in caso di guerra: bisognava far vedere che si era disposti a smantellarla anche se l'avversario non era disposto a farlo. Un'operazione, questa, molto rischiosa, che infatti, dopo le dimissioni di Gorbaciov, fu lasciata cadere, anche perché l'avversario storico dell'ex-Urss, gli Stati Uniti, non la presero mai in seria considerazione e tanto meno la ritennero un invito a fare altrettanto.

Quando gli Usa installano in tutto il mondo le loro basi militari, le dotano di ordigni nucleari a titolo precauzionale, in quanto ritengono che, in caso di particolare necessità, il loro uso può anche essere autorizzato. E chiunque sa che quando, in caso di guerra, scatta la procedura per l'uso di armi del genere, non si può più tornare indietro, in quanto qualunque contro ordine viene interpretato negativamente.

Come si possa far capire agli Usa, i quali prevedono persino a livello costituzionale (secondo emendamento) il libero utilizzo di armi per difesa personale, che vi è tanta più sicurezza quanto più si è disarmati, nessuno può saperlo. Periodicamente si assistono a scene che hanno dell'incredibile: ex-studenti che, con un mitra in mano, ritornano nelle loro scuole per far fuori insegnanti e studenti che neppure conoscono; rapine di cose anche banali con uso di armi da fuoco; incidenti mortali domestici semplicemente perché i bambini stavano usando le armi dei genitori; poliziotti che sparano con estrema facilità, sapendo bene che potrebbe farlo, in qualunque momento, la persona sospettata o fermata. E tutte le volte che accadono cose del genere si ripetono le solite frasi da parte di chi vende armi e di chi li rappresenta in Parlamento: se uno è squilibrato può uccidere anche senza armi da fuoco; contro gli squilibrati non servono a nulla le parole; per garantire maggiore sicurezza si devono aumentare i controlli, le forze dell'ordine, le pene detentive...[6].

È una catena senza fine, dove le cause si mescolano agli effetti e dove non si arriva mai ad affrontare la radice del problema. È evidente che, in situazioni del genere, la democrazia, anche quella formale, è destinata a saltare. Qui la fanno da padroni due aspetti che con la democra-

---

[6] Da notare che nel 2008 la Corte Suprema degli Stati Uniti ha dichiarato incostituzionale la legge del Distretto di Columbia che vietava ai residenti il possesso di armi.

zia nulla hanno a che vedere: l'*individualismo* e il *profitto economico*. È evidente infatti che chi vende armi, cioè chi basa il proprio business su atteggiamenti quali il sospetto reciproco, la diffidenza congenita nelle intenzioni altrui e cose simili, non può che favorire l'individualismo più sfrenato. Gli americani, visto che di armi sono pieni, dovrebbero mettersi d'accordo a usarle contro chi li induce a odiarsi a vicenda; dopodiché però, per coerenza, dovrebbero avere il coraggio di uscire definitivamente da quell'epoca che nell'Ottocento chiamavano "Far West".

Ma torniamo alla domanda di partenza: sapendo che esistono degli avversari che sarebbero anche disposti a farci fuori, fino a che punto possiamo spingerci col nostro senso della democrazia? La risposta è sempre la stessa: *non vi è un punto preciso*. La democrazia infatti può soltanto svilupparsi. Chi le impedisce di farlo, temendo un male peggiore, non la fa rimanere al livello già raggiunto, ma la fa regredire. Chi vuole essere davvero democratico, non può non continuare ad esserlo. Inevitabilmente quindi bisogna essere disposti a rischiare qualunque cosa, anche la propria vita. Gli americani non lo fecero forse nei confronti degli inglesi quando si vollero liberare del loro colonialismo? La persona democratica sa bene che se viene fatta fuori, ci rimetterà soltanto la vita, ma non *l'idea di democrazia*, la quale anzi potrebbe anche svilupparsi notevolmente in chi riesce a sopravvivere, all'ovvia condizione che quell'estremo sacrificio venga considerato come un esempio di grande coerenza verso gli ideali democratici.

La democrazia è destinata a vincere se chi la pratica è coerente con se stesso. Questo naturalmente non vuol dire che la democrazia debba essere disarmata. Vuol semplicemente dire che solo la democrazia può decidere quando la violenza è una legittima difesa e non un vergognoso abuso o una reazione ingiustificata, del tutto sproporzionata all'offesa ricevuta, come spesso avviene in Israele nei confronti dei palestinesi.

Inevitabilmente quindi tutte le volte che gli chiedono, alla luce di come sono andate le cose, se tornerebbe indietro, Gorbaciov risponde di no. Se l'Urss non esiste più, se il suo territorio si è notevolmente ridotto, se il suo potenziale bellico non è più in grado di competere con quello americano, se la sua economia ha abbracciato il capitalismo, se è aumentata la povertà, la disoccupazione, l'inflazione, la criminalità e altro ancora - tutto ciò non può essere addebitato alla democrazia della *perestrojka*, ma al fatto che non la si è voluta portare avanti in maniera collettiva, con decisione e responsabilità.

Nel complesso la società civile ha atteso la democrazia con la stessa passività con cui in precedenza sopportava la dittatura, o comunque, di fronte ai tentativi di boicottarla da parte della nomenklatura, che non voleva perdere i propri privilegi, non ha reagito con la dovuta fermezza. Gorbaciov venne accusato d'essere stato poco decisionista, e però, di fronte al decisionismo di Eltsin, che fece uscire la Russia non solo dal socialismo, ma anche dalla stessa democrazia, nessuno ebbe da dire nulla. Che razza di popolo è quello russo? Gorbaciov usava la metafora dell'asino di Buridano[7], ma avrebbe potuto dire di peggio.

---

[7] L'asino di Buridano è un apologo tradizionalmente attribuito al filosofo Giovanni Buridano, anche se non si trova nei suoi scritti. Esso narra di un asino che, posto tra due cumuli di fieno perfettamente uguali e alla stessa distanza, non seppe scegliere quale iniziare a mangiare e, nell'incertezza, morì di fame.

VI

Spesso l'opinione pubblica occidentale sottovaluta i risultati della *perestrojka*, in quanto - viene detto, con una certa supponenza - i russi non hanno aggiunto nulla a quanto noi abbiamo già; anzi, hanno riconfermato che il miglior sistema politico ed economico del mondo è il nostro.

In Occidente non si è mai considerata la *perestrojka* come un esempio da imitare, ma semplicemente come la fine di una dittatura che non era nostra e che anzi noi abbiamo sempre considerato come molto pericolosa. Persino i comunisti "alla Berlinguer", cioè gli eurocomunisti, sostenevano d'averla anticipata da un pezzo, liberandosi dal peso del marxismo-leninismo. Ciò però ha dell'incredibile, in quanto proprio loro, quando parlavano di "socialismo", l'intendevano solo in senso "socialdemocratico", cioè in una forma compatibile con le esigenze del capitale e con quelle dell'"ombrello protettivo" della Nato.

Con la *perestrojka* è finito un incubo, è finita la guerra fredda, l'equilibrio del terrore, la cortina di ferro voluta dagli anglo-americani, è crollato il muro di Berlino, è stato smantellato il Patto di Varsavia, è finito il rapporto satellitare dell'Urss coi paesi est-europei, e soprattutto è finito l'appoggio sovietico ai paesi sottosviluppati e alle forze comuniste sparse in tutto il mondo. In una parola è finito il cosiddetto "impero del male", come lo chiamava Reagan.

Tutte le colpe erano le "loro", tutti i meriti erano i "nostri". Noi non abbiamo avuto bisogno di cambiare nulla. Se Gorbaciov è stato un grande, era perché la pensava come noi. E abbiamo fatto bene a sostenerlo, anche se la svolta di Eltsin ci è sembrata un passo avanti rispetto a quanto aveva fatto lui. È vero, forse la gente comune, in Occidente, preferiva Gorbaciov, ma era solo per motivi psicologici; gli affaristi preferivano Eltsin, perché sapevano che lui era intenzionato a smantellare radicalmente ciò che Gorbaciov non avrebbe voluto fare: il federalismo dell'Unione Sovietica e, soprattutto, l'idea di socialismo.

Un impero come quello sovietico, ridotto geograficamente, avrebbe permesso al capitale di penetrare più facilmente nei suoi territori periferici, e l'eliminazione radicale del socialismo avrebbe permesso di fare affari colossali con la nuova oligarchia che si sarebbe formata. La domanda che, a questo punto, ci si pone è la seguente: davvero la *perestrojka* non ha avuto niente di nuovo da insegnarci?

a) Per i russi è stato un grande successo ottenere *libere elezioni*, in cui ognuno potesse votare il proprio candidato. Ma ora guardiamo noi italiani e chiediamoci: grazie alle nostre "libere elezioni" che Parlamento abbiamo? I parlamentari non sono forse "nominati" o "designati" dalle segreterie dei partiti? A tutt'oggi è la terza volta che abbiamo un governo non scelto direttamente dai cittadini (Monti, Letta, Renzi). E molti dei parlamentari non sono forse inquisiti, pregiudicati, chiaramente corrotti? Non sappiamo forse nomi e cognomi di quanti decidono d'intraprendere la carriera politica per evitare processi giudiziari? E che dire di quelli che si dedicano alla vita politico-parlamentare soltanto per fruire dei grandi privilegi che assicura? Da noi per un solo giorno da deputato è possibile beneficiare di un vitalizio di 3.108 euro lordi al mese (1.733 netti).

E quanti ne abbiamo visti passare, durante una singola legislatura, da un partito a un altro o da una coalizione a un'altra? Quanti sono entrati in Parlamento perché collusi con la criminalità organizzata? E quanti stavano per fallire o erano già falliti in altri settori (economici, finanziari, giornalistici ecc.)? E quanti conservano più incarichi o più funzioni, dedicando alla vita parlamentare le briciole del loro tempo?

Dunque, è vero, noi da tempo abbiamo libere elezioni, ma per farne cosa? Oggi è unanimemente accettata l'idea che i politici sono soltanto una casta privilegiata che vive su un altro pianeta e che andrebbe eliminata *en bloc*. Se qualcuno facesse una nuova "marcia su Roma", chi la fermerebbe? Si troverebbero, anzi, durante il percorso un'infinità di gente disposta ad aggregarsi, esattamente come al tempo del duce. Le cose si ripetono con una straordinaria regolarità, seppure in forme diverse e sempre più acute, proprio perché i problemi di fondo non vengono mai risolti.

Oggi la politica è completamente screditata anche perché vuole tenacemente restare avvinghiata a Roma, non riconoscendo alcun valore alle *autonomie locali*. Si persiste nel credere che lo Stato centralista sia la soluzione migliore per tenere uniti gli italiani. Il potere non avverte assolutamente come un'anomalia il fatto che gli italiani concentrino tutte le loro tasse nella capitale, lasciando che lo Stato, i governi e i partiti le sperperino in spese del tutto insensate o se le spartiscano tra di loro. Roma, per noi cittadini, è soltanto un pozzo senza fondo o, come viene chiamato dai fisici che osservano l'universo, un gigantesco buco nero che inghiotte qualunque cosa abbia a tiro.

A che servono le libere elezioni in uno Stato centralizzato, ove domina la corruzione a tutti i livelli? A che serve avere il pluripartitismo quando è il sistema in sé della rappresentanza parlamentare a essere antidemocratico? Quando si dice che in Occidente la democrazia politica è puramente formale, non s'intende forse il fatto ch'essa è *solo rappresentativa*, cioè non è mai *diretta*? Una democrazia solo rappresentativa col tempo, inevitabilmente, si corrompe, a prescindere dalla caratura morale dei suoi protagonisti.

b) La *perestrojka* diede ai russi la *libertà di stampa*. Noi, in teoria, se si esclude il ventennio fascista, l'abbiamo sempre avuta. Ma per farne cosa? Tutta l'editoria è in mano a pochi gruppi economici monopolistici (Mondadori, L'Espresso, Rcs...), salvo eccezioni, di cui la più significativa, negli ultimi anni, è stata quella del Movimento pentastellato, che si è servito di canali digitali come mai prima nessun movimento o partito era riuscito a fare.

Grazie ai partiti l'editoria riceve finanziamenti pubblici anche quando è fruita da poche persone a livello nazionale. Generalmente i giornalisti sono "servi del potere". Le notizie - sempre tutte uguali - sono prese da agenzie di "regime", che si servono, a loro volta, di altre agenzie internazionali non meno allineate. La libertà di stampa che abbiamo è solo fumo negli occhi.

Peraltro non è dalla stampa che vengono input per risolvere i problemi reali. Sul piano dei contenuti, infatti, prevalgono tendenze scandalistiche, provocatorie, allarmistiche o di mera curiosità intellettuale: un chiacchiericcio che serve soltanto ad abbassare il tasso di moralità degli italiani e ad aumentare la sfiducia nelle istituzioni. Chi s'intende di filosofia non può qui non ricordare cosa diceva Heidegger a proposito della chiacchiera nel suo *Essere e Tempo*: più la chiacchiera è infondata e più si diffonde; infatti essa è la possibilità di comprendere tutto senza alcuna appropriazione preliminare della cosa da comprendere. La chiacchiera diffonde una comprensione indifferente, per la quale non esiste più nulla d'inaccessibile. Le cose stanno così perché così si dice.

Se improvvisamente scomparissero tutti i quotidiani, la gran parte dei cittadini, aventi un minimo di consapevolezza, neppure se ne accorgerebbe, anzi se ne rallegrerebbe per gli alberi risparmiati, tanto le notizie se le va a cercare in rete, dove sono gratuite, personalizzabili e dove non ci si sporca le dita d'inchiostro e piombo. E se si vogliono soltanto fare quattro chiacchiere, la rete è più che sufficiente.

Una vera libertà di stampa può essere soltanto quella prodotta dagli stessi cittadini. Non ha alcun senso che per poter avere il diritto di parlare si debba essere dei "professionisti" della parola o autorizzati da qualche ordine professionale.

c) La *perestrojka* - dice Gorbaciov - ha introdotto in Russia la *divisione dei poteri*. In Occidente invece l'abbiamo da quando sono finite le monarchie assolutistiche e le dittature fasciste. Obiettivamente parlando ci sembra una gran cosa che i tre fondamentali poteri (legislativo, esecutivo e giudiziario) si controllino a vicenda, anche se diciamo che, per avere maggiore democrazia, è meglio che su tutti e tre vigili un quarto potere, quello giornalistico.

In realtà la divisione dei poteri non è in sé migliore della loro unificazione. Sicuramente lo è in assenza di democrazia diretta, poiché, se esiste solo un parlamentarismo nazionale, è evidente che l'unificazione dei poteri è soltanto espressione di una dittatura. Anzi, in genere là dove esiste l'unificazione dei poteri, non esiste neppure un vero e proprio Parlamento. I deputati cioè non sono eletti dal popolo, ma scelti dal governo in carica, come faceva il fascismo. Chi vuole l'unificazione dei poteri, in assenza di democrazia diretta, è perché detesta la volontà popolare, non vuole essere in alcun modo sottoposto a un controllo dal basso.

E tuttavia, se vi fosse davvero una democrazia diretta, non avrebbe alcun senso una divisione dei poteri: questa cosa Lenin l'aveva già capita quando parlava di "repubblica dei soviet", cioè dei *consigli democratici di base*, rappresentativi di operai, contadini e soldati. Se esistesse una *democrazia diretta, locale, autogestita*, sarebbero le stesse persone a gestire la formulazione delle leggi, la loro applicazione e le sanzioni per una loro eventuale violazione. E queste persone saprebbero che se sbagliassero anche in uno solo dei tre compiti, dovrebbero renderne conto alla cittadinanza che le ha elette, poiché in una democrazia diretta ogni funzione può essere immediatamente revocata.

Peraltro, in una democrazia diretta le leggi dovrebbero essere poche e chiare, lasciando più che altro alla periodica riflessione comune l'affronto dei problemi. Non possono certo essere delle leggi astratte, fissate una volta per tutte, a risolvere dei problemi che possono cambiare di continuo. Se sulle decisioni da prendere il confronto è assiduo, si può fare anche a meno delle leggi. Si sbaglia di meno ad affrontare caso per caso, volta per volta, basandosi sul buon senso, sulle tradizioni, sulla collaborazione reciproca, sulle informazioni che si possono ottenere da più fonti, che non avvalendosi di manuali, codici e bibbie. Chiunque infatti sa bene che ogni parola, ogni frase e quindi ogni articolo di legge può sempre essere interpretato in maniera opposta. Quindi è inutile confidare nel potere taumaturgico delle leggi. Se Buddha, Socrate o Gesù Cristo vi avessero creduto, le avrebbero scritte.

E comunque sarebbe sciocco pensare che là dove esiste una divisione dei poteri, esiste anche un effettivo controllo reciproco. Molto dipende dai sistemi elettorali. Se si fa in modo che la coalizione vincente abbia la maggioranza assoluta in Parlamento, in modo da dare maggiore stabilità all'esercizio del potere, ecco che automaticamente l'esecutivo diventa più importante del legislativo. E tutti sanno, per esperienza, che quando l'esecutivo è molto forte condiziona inevitabilmente il giudiziario, che non dispone di armi equivalenti con cui difendersi.

Una divisione troppo equilibrata dei poteri, nelle democrazie meramente rappresentative, porta all'ingovernabilità, cioè la popolazione è costretta ad andare a votare molto spesso. Ecco perché si tende a trasformare il sistema elettorale da proporzionale a maggioritario. Da qui però vengono fuori anche le tendenze autoritarie, alle quali non si può certo porre un argine tornando al proporzionale, semplicemente perché nessun partito oggi ha una base elettorale così ampia da poter garantire una stabilità di governo in forza di una pura rappresentanza proporzionale.

Vi è troppa sfiducia nella politica: il fatto che ormai la metà degli aventi diritto non vada più a votare, lo dimostra. Se il non-voto (incluse le schede bianche e nulle) avesse un peso politico, non vi sarebbe bisogno di fare delle leggi per diminuire i parlamentari: dovrebbero essere dimezzati d'ufficio. Ma con quale faccia poi i governi in carica potrebbero dire di fare la "volontà popolare"? Ha ancora senso parlare di democrazia quando i governi in carica sono stati votati da poco più di un quarto di tutti gli elettori?

d) Un altro aspetto cui Gorbaciov fa cenno è la questione dei *diritti umani*, tra cui quello alla *libertà di coscienza*. Dice che prima della *perestrojka* l'espressione "diritti umani" veniva messa sempre tra virgolette dispregiative, anticipandola con la parola "cosiddetti".

Qui il discorso sarebbe davvero lungo, anche solo sulla questione della "libertà di coscienza", che in Italia non è mai esistita. L'articolo 7 della Costituzione ha infatti recepito il Concordato fascista, che attribuisce alla chiesa romana una posizione di privilegio rispetto a tutte le altre confessioni, nonché un'indipendenza politica, economica e giurisdizionale assolutamente incompatibile con la sovranità di uno Stato democratico. Non solo, ma la nostra Costituzione non prevede neppure la libertà di non credere in alcuna religione: il che è assurdo in un paese dove i matrimoni civili superano quasi quelli religiosi e dove la partecipazione ai sacramenti riguarda prevalentemente i pre-adolescenti.

Quanto alla questione dei "diritti umani", si può capire il motivo per cui i comunisti (stalinisti o no) tendono a storcere il naso quando li vedono sbandierare dai governi borghesi. Storicamente infatti proprio questi diritti sono stati usati per impedire lo sviluppo di rivoluzioni socialiste o per impedire anche soltanto delle battaglie di classe, in cui il proletariato potesse rivendicare il proprio ruolo. I diritti umani sono sempre stati formulati dalle potenze più forti. Quelli attualmente in vigore, a livello internazionale, sono emersi l'indomani degli ultimi due conflitti mondiali, e sono più che altro serviti per ridare una patente di verginità all'Occidente imperialista. È vero che alla loro stesura hanno contribuito anche i paesi socialisti, ma sulla questione fondamentale della *proprietà dei mezzi produttivi* nessun paese socialista ha potuto far valere granché.

Peraltro la formulazione di quei diritti non ha mai implicato un controllo sul loro effettivo rispetto. Quando mai un paese europeo o gli Usa sono stati accusati da un tribunale internazionale di non rispettare alcuni diritti umani fondamentali? Basterebbe che all'interno di questi diritti vi fosse quello del rispetto dell'ambiente, che improvvisamente dovremmo vedere sotto accusa l'intero Occidente. Che senso ha chiedere alla Cina o ai paesi emergenti del Terzo mondo di rispettare i diritti ambientali, quando i primi a non farlo siamo noi? Chi ha creato quella mostruosa isola del Pacifico, i cui 100 milioni di tonnellate di rifiuti, intrappolati dalle correnti marine tra la California e le isole Hawaii, hanno raggiunto un'estensione che supera di due volte il nostro Paese?

La realtà è che a noi occidentali, bersagliati come siamo dagli ambientalisti, ci secca di dover rispettare, anche solo in parte, i diritti ambientali, poiché, siccome ciò ha un costo, ci troviamo in difficoltà a competere in un mercato mondiale con quei paesi che non hanno costi del genere. Per noi il diritto è soltanto la maschera che si mette l'affarista.

Che i diritti umani contengano delle ambiguità è dimostrato anche dal fatto che proprio l'Occidente se ne serve per abbattere i governi stranieri che - secondo noi - non li rispettano. Cioè essi vengono usati per intromettersi nella sovranità di qualunque Stato, per scatenargli contro degli embarghi economici, per isolarlo diplomaticamente, se non addirittura per bombardarlo o per istigare le popolazioni alla rivolta. Noi occidentali usiamo i diritti umani come una volta le chiese fondamentaliste di tutte le confessioni usavano i loro testi sacri. Siamo persino disposti ad armare il fondamentalismo islamico per abbattere quei governi che non ci sembrano abbastanza filo-occidentali, come han fatto gli Usa coi mujaheddin e i talebani contro il governo afghano filo-sovietico di Najibullah o come han fatto con quelli dell'Isis contro il governo siriano di Assad. Salvo poi pentirsene quando la cosa sfugge di mano.

Paradossalmente non ci rendiamo conto che proprio nel momento in cui vogliamo imporre i "nostri" diritti umani, finiamo col negarli. Peraltro non ha alcun senso parlare di *diritti umani universali* quando alla loro formulazione non hanno contribuito tutti i paesi della Terra. E, in ogni caso, anche se fossero decisi dal mondo intero, quanti diritti potrebbero davvero essere unanimemente accettati? Le diversità culturali, politiche, etico-religiose... sono enormi. Alla fine ci troveremmo ad accettare pochi diritti formulati in maniera molto generica. A che servirebbe? E se anche qualcuno, di quei pochi diritti condivisi, venisse violato, a quale tribunale ci si dovrebbe appellare? Composto da quali giudici?

Scelti da chi? Nessun tribunale occidentale è in grado di giudicare la violazione dei diritti umani, proprio perché l'Occidente dovrebbe considerarsi, in un modo o nell'altro, parte in causa di quella stessa violazione, essendo il principale artefice di quel globalismo che, esercitato sul piano politico-militare ed economico-finanziario, soffoca il mondo intero. Il giudizio di qualunque giudice occidentale è viziato in partenza, a prescindere dalle caratteristiche soggettive della sua personalità.

Quando si contesta la Cina di non rispettare i diritti umani, lo si fa perché abbiamo davvero a cuore la sorte dei loro lavoratori o perché temiamo l'espandersi di questa potenza economica, le cui merci hanno prezzi che per noi sono assolutamente fuori mercato? E perché smettiamo di fare questo tipo di contestazione quando vediamo che proprio la Cina si accolla una parte del debito pubblico dei nostri Stati? Che senso ha avuto processare Milošević quando l'Occidente (soprattutto la Germania) ha fatto di tutto per frantumare la Jugoslavia e indebolire la Serbia socialista? E che senso ha avuto eliminare, in nome dei diritti umani, alcuni dittatori dei paesi islamici? Sono forse aumentati i diritti in quei paesi? È forse aumentata la democrazia? O non abbiamo piuttosto aumentato nei loro paesi le nostre basi militari e il nostro *business*?

Trattiamo i paesi islamici come se fossero ancora delle nostre colonie. Di loro c'interessa unicamente il petrolio, perché ne hanno davvero ancora tanto. Quand'era in piedi il sistema socialista mondiale tuonavamo contro l'idea di esportare la rivoluzione. Ora chi dice qualcosa contro l'idea di esportare la democrazia?

L'uso dei diritti umani può dunque valere solo in chiave *diplomatica*, firmando protocolli tra due o più Stati, che accettano liberamente di mettersi sotto controllo reciproco, onde favorire gli scambi culturali e commerciali. Uno Stato ha il diritto di sapere se ciò che compra da un altro Stato viene prodotto rispettando i diritti umani fondamentali. Più di così non si può fare, perché qualunque cosa si faccia in più, verrà facilmente interpretata come un'indebita ingerenza.

Peraltro Gorbaciov avrebbe dovuto fare attenzione al concetto di "Stato di diritto", con cui ha voluto sostituire quello, senza dubbio più demagogico, di "Stato di tutto il popolo". Parlare di "Stato di diritto" è in realtà una contraddizione in termini. Nessuno Stato può essere "di diritto", poiché ogni Stato è nato per volontà della classe borghese, che elabora i propri "diritti" facendoli passare per diritti legittimi e sovrani, in ambito nazionale o sovranazionale.

Su questa cosa i lavoratori non possono essere tratti in confusione. Se si abbatte uno Stato di diritto, non si abbatte necessariamente il diritto ma lo Stato. Cioè non necessariamente si passa dalla democrazia alla dittatura. Semmai si può passare da una democrazia meramente *formale* a una *sostanziale*, in quanto gestita direttamente dai cittadini, i quali dovranno sentirsi autorizzati a rivedere tutte le norme del diritto borghese.

Lo Stato è un'entità che va superata, sia esso di diritto o no. E con lo sviluppo progressivo della democrazia sociale, andrà superato anche il diritto, poiché questo è uno strumento che viene usato dallo Stato borghese per dimostrare che esiste la *libertà personale*, che però, all'interno del sistema capitalistico, è del tutto *formale*. La libertà personale borghese è *reale* soltanto quando è associata alla *proprietà*.

Su questi aspetti della democrazia e del diritto non si può tergiversare. È evidente che è preferibile uno Stato di diritto a uno Stato totalitario, ma si deve pensare che in prospettiva non ci dovrà essere alcuno Stato, poiché è proprio lo Stato, con la sua formale democrazia rappresentativa, che impedisce di realizzare una *reale democrazia diretta*.

e) Vediamo ora cosa dice Gorbaciov circa l'*economia mista*. È evidente che quando il punto di riferimento è un sistema pianificato completamente dallo Stato, l'introduzione di un'economia mista (pubblico più privato) non può che favorire la libertà economica. Ma l'obiettivo è davvero quello di raggiungere la *parità* tra tutte le forme di proprietà? Siamo proprio sicuri che ci sia più democrazia favorendo la privatizzazione e l'azionariato?

In Europa occidentale il concetto di "economia mista" è stato usato per molto tempo, e lo è ancora, come specchietto per far credere alle allodole di sinistra che non c'era bisogno di lottare per il socialismo, in quanto questo era già stato realizzato. Cioè l'economia mista è emersa per rispondere al modello di economia statalizzata presente nel cosiddetto "socialismo reale". In tal modo la borghesia sperava di rabbonire le forze comuniste, convincendole a non fare ulteriori rivendicazioni. E, in effetti, l'obiettivo può dirsi raggiunto. Anzi oggi la borghesia, a fronte dei fallimenti gestionali (manageriali) del settore statale, è addirittura in grado di sostenere che l'unico settore davvero produttivo, in Italia, è quello privato. Il crollo del socialismo di stato non avrebbe fatto altro che avvalorare questa tesi.

In Italia poi molte aziende statali sono state privatizzate non perché fallimentari, ma, al contrario, perché troppo produttive, essendo monopolistiche, come quelle connesse ai servizi di luce, gas, acqua e telefono. La spinta alla privatizzazione veniva anche dalle pressioni di chi voleva competere privatamente, avendo capitali da investire.

Perché dunque un'economia mista non può mai essere a favore del settore pubblico all'interno di un capitalismo avanzato? Semplicemente perché là dove domina l'esigenza del profitto, non ha senso essere "altruisti". Si tratta soltanto di una presa in giro o, nel migliore dei casi, di una forma d'illusione, come potevano esserlo le esperienze aziendali dei socialisti utopisti nell'Ottocento.

Se si chiedesse a un italiano d'indicare un ottimo imprenditore statale, che ha fatto dell'impresa che gestiva il fiore all'occhiello dell'economia nazionale, non gli verrebbe in mente alcun nome (forse l'unico sarebbe quello di Mattei, che non a caso venne fatto fuori dagli americani). Se invece dovesse indicare qualcuno del settore privato, subito direbbe i nomi di Olivetti, di Agnelli, di Pirelli, di "quello" della Nutella o di "quello" dei Baci Perugina e di tanti altri meno noti nei loro nomi ma ugualmente benvoluti. In Romagna chi aveva da dire qualcosa contro Gardini prima di tangentopoli? E in Emilia contro Tanzi prima del crac della Parmalat?

In Italia abbiamo una classe operaia che ingenuamente ringrazia gli imprenditori di averle "dato" un lavoro, quando semmai è stato il contrario. Il lavoro lo "danno" gli operai; gli imprenditori, semmai, si limitano a sfruttarlo coi loro capitali privati, i quali, spesso, non sono soltanto "privati", ma anche "pubblici", in quanto, paventando lo spettro dei licenziamenti, spesso chiedono finanziamenti da parte dello Stato. Questo perché i colossi imprenditoriali (monopolistici) non possono mai chiudere, altrimenti la reazione degli operai e di tutto l'indotto rischierebbe di creare seri problemi.

Gli imprenditori privati si trovano così a sfruttare i lavoratori in varie maniere, nella veste appunto di lavoratori, di consumatori e di contribuenti del fisco. Le aziende si servono anche di quella parte di contributi che i lavoratori accantonano per avere una misera pensione quando saranno stati spremuti fino all'osso. Una parte significativa degli accantonamenti degli operai viene infatti utilizzata dalle aziende per ristrutturarsi, sapendo bene che gli operai non vanno in pensione tutti nello stesso momento. Se lo facessero, l'impresa fallirebbe immediatamente, perché non sarebbe in grado di restituire a tutti loro gli accantonamenti del "trattamento di fine rapporto" utilizzati.

Un'economia mista non può funzionare quando è il privato a dominare. Se è il settore statale a dominare, è evidente che le concessioni fatte al privato non possono che far bene. Gorbaciov la pensava così: di qui il suo ritorno alla Nep leninista. Fu proprio lui a far vedere che i risultati produttivi dell'economia statalizzata erano tutti truccati. I dirigenti comunisti temevano che, facendo concessioni al privato, prima o poi sarebbe tornato in Russia il capitalismo. Non potevano assolutamente sopportare l'idea che il privato potesse dimostrare d'essere superiore allo sta-

tale. E così non permettevano a nessuna azienda statale di fallire: le tene-
vano in piedi anche quando erano chiaramente in perdita, a costo di falsi-
ficare i bilanci.

Da noi il falso in bilancio non è l'eccezione, ma la regola, proprio
perché le aziende private non vogliono pagare le tasse (anche l'esporta-
zione di capitali è la regola), per cui cercano sempre di dimostrare che
sono in perdita. Il falso in bilancio i politici di destra non lo consideravo-
no neppure un reato, ma una necessità, anche perché - loro che potrebbero garantirsi privatamente tutti i servizi che vogliono - vedono lo Stato
come un peso economico insopportabile. Lo Stato, per la destra, dovrebbe soltanto servire per reprimere il dissenso o per compiere delle guerre.
Non dovrebbe gestire neppure la scuola, la sanità e le pensioni. Gran parte dei servizi sociali dovrebbero essere affidati alle assicurazioni, come
negli Stati Uniti, dove però 40 milioni di americani non sono in grado di
pagarsele (e dove 24 milioni di bambini vivono sotto la soglia di
povertà!).

In effetti non era una paura immotivata quella, degli stalinisti, di
credere che, dando spazio all'economia privata, si rischiava di far tornare
in auge il capitalismo. Gli Stati, le nazioni non vivono su isole non co-
municanti tra loro. Se si concede ai privati la possibilità di trafficare, è finita. A dir il vero nessun paese socialista permetteva di privatizzare il
commercio estero, ma è evidente che se, al proprio interno, si permette
uno sviluppo del capitalismo, il virus si diffonderà a macchia d'olio e in
tempi brevissimi, non avendo una resistenza "feudale" da abbattere. Basta privatizzare una banca per creare la prima crepa nel muro dell'economia statalizzata. Sotto questo aspetto è facile ipotizzare cosa succederà in
Cina in un futuro molto prossimo. Chi ha il potere economico, prima o
poi vuole anche quello politico.

La realtà è che economia statale ed economia privata sono due
facce di una stessa medaglia. Se al tempo del cosiddetto "socialismo reale" non fosse esistito, in buona parte del pianeta, il capitalismo, la gestione burocratizzata dell'economia sarebbe potuta andare avanti per dei mil-
lenni, come nell'antico Egitto.

Il privato non può mai essere un'alternativa allo statale, e un'economia mista, se in un primo momento può offrire l'impressione di risolvere le storture dello Stato, a lungo andare si mangia tutto il settore pubblico, proprio perché può dimostrare che il privato è più efficiente. E
quando si è più efficienti sul piano economico, si arriva poi a pretendere
maggior peso politico. Queste cose, in Europa, è da mille anni che le vediamo. Ed è da mille anni che noi siamo sempre in guerra, con gli altri e
con noi stessi. Siamo partiti dalle crociate e siamo arrivati alla guerra

fredda. Oggi abbiamo il "globalismo", che è una guerra combattuta a colpi di economia e soprattutto di finanza, dove quello che conta sono gli istituti finanziari mondiali, le borse titoli e valori (coi loro broker), nonché i debiti e i crediti, pubblici e privati. È questo globalismo il moderno "totalitarismo", quello per cui è sufficiente l'ideologia di *Monsieur le Capital*, cioè quella del benessere in senso quantitativo, del consumismo ad oltranza, della dipendenza totale dai mercati, coi loro bisogni indotti, e che rende del tutto superati i lager o i gulag, gli Stati dittatoriali e i partiti che s'identificano con lo Stato. Oggi è il lavaggio del cervello che conta.

L'unica vera alternativa possibile all'economia statale e privata è quella a carattere *pubblico*, cioè quella *autogestita dall'intera collettività locale, interamente proprietaria dei principali mezzi produttivi*. Per noi occidentali pubblico e statale sono equivalenti, ma è sbagliato. Lo statale non è che la forma pubblica di una particolare classe sociale: la *borghesia*. Lo Stato è nato perché l'ha voluto la borghesia per eliminare il decentramento feudale e l'idea imperiale, non è stato chiesto dagli operai o dai contadini. Per queste due ultime classi lo Stato è sempre stato una disgrazia assoluta, soprattutto per le tasse che imponeva, ma anche per la leva obbligatoria. Soltanto quando si sono trovati con l'acqua alla gola, operai e contadini han cominciato ad apprezzarlo. Lo Stato infatti poteva servire per elargire pensioni, sussidi, assistenza, istruzione, salute ecc. Tutte cose, peraltro, ricavate da quella forma di sfruttamento lavorativo che Marx, con una parola sola, chiamò "plusvalore", che è il tempo di lavoro non pagato e che non coincide col "profitto". Operai e contadini si sono identificati nello Stato soltanto quando non avevano alternative, e con loro l'ha fatto la piccola borghesia, sempre a un passo dal proletarizzarsi.

Alla fine tutti si sono convinti che sarebbe stato meglio pagare delle tasse, pur di non vedere i lavoratori scendere nelle piazze e minacciare di fare una rivoluzione. Poi naturalmente chi poteva, le tasse le evadeva e, nonostante questo, faceva in modo di sfruttare lo stesso i vantaggi dello Stato sociale. Paradossalmente, pur essendo nato per venire incontro alle classi più disagiate, lo Stato sociale è stato sfruttato soprattutto da quelle agiate, le quali, avendo tutti gli strumenti per evadere il fisco, si sono trovate a beneficiare di ciò che avrebbero potuto pagare tranquillamente per conto loro: scuola, sanità, pensioni ecc.

Ecco perché diciamo che il settore pubblico non può coincidere con quello statale. Il pubblico può coincidere soltanto col *locale*, ove la comunità è messa in grado di gestire direttamente le proprie risorse. Se è vero che la democrazia può essere solo *diretta* o non è, allora anche l'economia può essere solo *locale* o non è. Tutto è di tutti, quando tutti possono sentirsi personalmente responsabili della gestione di ogni cosa.

f) Quanto al *federalismo*, giustamente Gorbaciov si vanta d'aver favorito il passaggio da uno Stato centralizzato a uno federato, superando il formalismo delle dichiarazioni giuspolitiche della nomenklatura precedente, che diceva una cosa e ne faceva un'altra.

Tuttavia pensare che il federalismo sia *di per sé* una soluzione ai difetti del centralismo, è quanto meno fuorviante. Anche queste, infatti, sono soltanto due facce di una stessa medaglia. Gli Stati Uniti sono uno Stato federale, come la Germania, la Svizzera e tanti altri, ma non si può dire certo che, proprio per questo, o solo per questo, sono i più democratici del mondo. Anzi, in questo momento gli Usa sono il paese più odiato del mondo, la Germania è quello più odiato in Europa e la Svizzera è uno dei principali responsabili dell'evasione fiscale di tutto il mondo, anche se oggi assistiamo a un aggiustamento di questa situazione particolarmente anomala, che in Europa riguarda anche il Liechtenstein, il Principato di Monaco, la Repubblica di San Marino, lo Stato della Città del Vaticano ecc. È facile essere ricchi coi soldi degli altri, cui si garantisce un assoluto segreto bancario. È facile in queste condizioni disinteressarsi completamente di un'integrazione politica ed economica dei paesi europei. Questi paradisi fiscali l'integrazione l'hanno già realizzata, sotto banco.

Il federalismo può servire per dare maggiore efficienza all'amministrazione statale, ma non può certo costituire un'alternativa al capitalismo, né di per sé garantisce una maggiore democrazia. La Francia, p.es., è un paese molto centralista, ma non per questo si può dire che sia poco efficiente. L'istituzione delle Province e la figura del prefetto le hanno inventate i francesi, e noi italiani le abbiamo conservate, pur sapendo che altro non erano se non una *longa manus* locale del potere centrale. Oggi siamo intenzionati a smantellare le Province, ma solo per motivi economici. Infatti sul piano politico lo Stato sta riducendo ulteriormente l'autonomia dei Comuni e le competenze delle Regioni. Con la scusa che a livello locale la corruzione non è meno forte che a livello centrale, si cerca di aumentare i poteri centrali, come quando nel Medioevo, per vincere la corruzione del clero, s'impose la teocrazia pontificia, che fu mille volte peggio.

In realtà tutto dipende da come il centro gestisce la periferia. In Italia il centralismo non ha mai funzionato perché da noi l'unità politica, essendo stata raggiunta solo alla fine dell'Ottocento, non poteva che imporsi in maniera dittatoriale. Nel senso che il centralismo appariva più naturale, e quindi la soluzione più giusta.

Inoltre noi abbiamo avuto uno Stato pontificio che per un millennio ha combattuto tenacemente contro ogni proposta di unificazione territoriale. Una chiesa politicizzata come la nostra non poteva non essere profondamente anti-statalistica. Sommamente deleteria è poi stata la presenza spagnola a sud e quella austriaca a nord, che hanno entrambe considerato l'Italia come una colonia da sfruttare (cosa che, d'altra parte, fecero anche i francesi, con gli Angioini prima e Napoleone dopo). E purtroppo abbiamo avuto i Savoia che, essendo scarsamente democratici, invece di realizzare il federalismo, che sarebbe stato più naturale in un paese così eterogeneo come il nostro, han preferito il centralismo più assoluto, non fidandosi in alcun modo delle autonomie locali (crearono persino l'Emilia, sommando i vari Ducati, pur di poter tenere sotto controllo l'anarchica Romagna).

Oggi la richiesta del federalismo è vista come una minaccia all'unità nazionale. È vista anche come una forma di egoismo locale, in quanto la richiesta viene fatta da parte di quei territori economicamente più produttivi, che vogliono scrollarsi di dosso il peso di quelli più arretrati. Molti peraltro si chiedono come si potrebbe ripartire il colossale debito pubblico in una situazione di gestione federale del territorio. Lo si dovrebbe ripartire guardando il numero degli abitanti per regione o guardando il loro prodotto interno lordo? Come pagare a livello locale un debito accumulato a livello centrale sin dai tempi dell'unificazione? Al momento sappiamo solo che il debito continua a crescere e che ogni cittadino, inclusi i neonati, ha circa 35.000 euro di debiti da pagare.

Certo è che se esistesse una vera autonomia locale, uno potrebbe anche dichiararsi disposto a pagare la sua quota di debito, se solo gli lasciassero gestire una parte significativa delle proprie tasse. Invece tutte le tasse vanno a Roma, che se le ripartiscono come vogliono e che solo in piccola parte tornano indietro. Il resto non serve ad altro che ad alimentare la corruzione.

In effetti, posta in questi termini, la richiesta del federalismo rischierebbe di far scoppiare una guerra civile. Se si vuole tenere in piedi uno Stato nazionale, non può non esserci una qualche forma di riequilibrio da amministrare a livello centrale. I territori non sono tutti uguali. Se in Italia si fosse dato più spazio agli Enti Locali Territoriali, sicuramente avremmo avuto uno Stato meno fallimentare.

È tuttavia evidente che non è possibile pensare che là dove domina una forte corruzione a livello centrale, la periferia non ne risenta. Oggi la corruzione è a tutti i livelli e sarebbe ingenuo pensare di poter risolvere questo problema opponendo il federalismo al centralismo: al limite la corruzione potrebbe anche aumentare. Dipende sempre da come si pongono i controlli. Se a livello locale sono efficienti, il locale risulterà sempre migliore dello statale. È più facile controllare le cose nel piccolo che nel grande. Però bisogna saperlo fare, e soprattutto bisogna avere la volontà di farlo. Fino ad oggi si sono fatte le rivoluzioni contro gli Stati autoritari, parassitari, inefficienti, ma verrà un giorno che bisognerà farle a livello locale, contro chi si oppone ai controlli e a una gestione collettiva delle risorse.

VII

Se si desse retta a Gorbaciov le rivoluzioni non si dovrebbero mai fare, anche perché - secondo lui - l'interesse per l'uomo in generale va considerato superiore a quelli delle singole classi, per cui non avrebbe senso che l'uomo facesse una rivoluzione contro se stesso. Lo dice chiaramente nel libro in oggetto: gli interessi dell'uomo sono prioritari su quelli di classe e su quelli nazionali, anche perché tutti i paesi del mondo hanno consapevolezza d'essere interdipendenti.

Gorbaciov ha un modo di ragionare filosofico, idealistico, come i Greci di 2500 anni fa, come il cosmopolita Kant, come molti illuministi del Settecento o come gli autori di quelle utopie dove i problemi si risolvono facilmente col dialogo, con la reciproca comprensione, con l'attenzione per i problemi altrui. È una morale, la sua, che somiglia molto a quella evangelica, a quella tostojana o gandhiana. È difficile dargli torto, poiché - umanamente parlando - ha ragione, o almeno dovrebbe averne, cioè sarebbe un bene per tutti che l'avesse. Sicuramente si vivrebbe con maggiore tranquillità e sicurezza, con molta più pace e serenità. Uomini e donne soffrirebbero molto meno, proprio perché saprebbero guardare verso il futuro con molta più fiducia.

In lui non vi è il senso del tragico, quella visione pessimistica delle cose che porta a essere freddi, calcolatori, cinici. E non si può dire neppure che creda nella provvidenza religiosa. Gorbaciov crede nell'essere umano, ha una grande fiducia nelle qualità positive dell'umanità e pensa che ogni problema possa essere risolto grazie alla reciproca collaborazione. Anche perché di ogni cosa vuole chiedersi i motivi per cui è accaduta. Non gli basta reagire immediatamente agli effetti negativi: vuole porre le condizioni perché il male non debba ripetersi. Uno così svuoterebbe le carceri.

Ai tempi di Marx, Engels, Lenin si diceva il contrario. Sono gli interessi di classe del proletariato che rendono i suoi valori universali. Borghesia, aristocrazia, clero... non potranno mai essere delle classi popolari. La divisione in classi scomparirà quando gli interessi del proletariato, che non dispone di nulla, si saranno generalizzati.

Culturalmente e ideologicamente Gorbaciov è stato figlio di questa concezione della vita e della storia: poi però, guardando come si è realizzata storicamente, l'ha rovesciata. È arrivato alla conclusione che una concezione del genere porta alla dittatura. Per quale motivo? A volte, leggendo i suoi testi, viene in mente l'apologo di Menenio Agrippa. Infatti Gorbaciov giustifica la sua visione ottimistica delle cose dicendo che tutti i paesi del mondo sono *interconnessi*, per cui il destino di tutti è uno solo.

Che cosa disse Agrippa ai plebei che volevano rivendicare i loro diritti con uno sciopero rivoluzionario sul Monte Sacro? Che lo stomaco è interconnesso con le mani e se queste sono stanche di lavorare per uno stomaco ozioso, alla fine loro stesse ci rimetteranno, proprio perché tutti gli organi umani sono interdipendenti: non ha senso che uno si ribelli agli altri o che voglia vivere senza l'aiuto degli altri. Detto ciò, il proletariato si convinse e in quel momento smise di lottare.

Cosa c'è che non va in questa visione delle cose? È il fatto che le condizioni di partenza sono già infinitamente diverse. Gorbaciov non vuole porsi come allenatore di una squadra, ma come colui che, prima di far iniziare la partita, sceglie i giocatori di entrambe le squadre, affinché le forze siano equivalenti. Cioè non si rende conto che esiste un pregresso inevitabile, storicamente dato, cui nessuna squadra - tra quelle abituate a vincere - vuole spontaneamente rinunciare, neppure se le venisse detto che le altre squadre non vogliono più giocare perché sono stanche di perdere.

Nella vita si è terribilmente condizionati da ciò che si è ricevuto, e a chi vive uno status privilegiato si possono fare tutti i discorsi filantropici che si vogliono, tanto non li ascolterà, almeno non sino in fondo. I privilegiati possono al massimo ridurre alcuni loro *benefit*, ma in cambio chiederanno che tutti gli altri rinuncino alle loro pretese più importanti, quelle decisive per emanciparsi in maniera significativa.

I privilegiati non si fanno mettere in crisi dai discorsi sull'interconnessione dei destini dell'umanità. Piuttosto che perdere il loro potere, sarebbero disposti a qualunque cosa, anche a perdere se stessi. Se e quando fanno delle concessioni, è perché sanno che, facendole, non ci rimetteranno granché; anzi, arriveranno a guadagnarci in credibilità morale, in affidabilità e onorabilità. Gli oppressi si convinceranno ancor più della bontà degli oppressori, se questi saranno disposti a condonare una parte dei loro debiti, a ridurre in maniera significativa gli interessi dovuti, a dilazionare i termini del rimborso e cose del genere.

Leggendo i testi di Gorbaciov, alla fine uno è portato a chiedersi: da che parte stai? Cioè se le cose non andranno come tu prevedi, perché tra i due contendenti uno non vuol saperne di modificare le proprie abitudini, cosa facciamo? Pazientiamo o gli facciamo nuove pressioni? E se quello, ad un certo punto, si stanca d'essere pressato e comincia a reagire in maniera scomposta, che facciamo? Riduciamo le nostre pretese o andiamo avanti con maggiore decisione? Se riusciamo a capire qual è il suo punto debole, dobbiamo lo stesso avere un occhio di riguardo, o invece dobbiamo approfittarne per l'attacco finale? Ecco perché diciamo che Gorbaciov è un ingenuo.

I suoi discorsi potrebbero funzionare solo in due casi: 1) quando le forze in campo non hanno ancora avuto il tempo a sufficienza per distinguersi in maniera irreparabile; 2) dopo che le forze in campo, proprio a motivo delle loro differenze irriducibili, si sono quasi distrutte a vicenda, come i nobili York e Lancaster nella guerra inglese delle Due Rose, finita la quale il nuovo casato dei Tudor capì ch'era meglio mettersi dalla parte della borghesia.

In entrambi i casi le condizioni di partenza, anteriori all'antagonismo sociale, o di arrivo, posteriori ai suoi effetti deleteri, sono abbastanza equivalenti. Ma nella fase di mezzo i discorsi di Gorbaciov rischiano di non fare gli interessi degli oppressi, proprio perché non offrono alcuna garanzia che gli oppressori li ascolteranno.

Per ottenere giustizia, bisogna fare *pressione*, molta pressione, sino al punto in cui si deve arrivare a chiedere al popolo una cosa molto importante, quando si può constatare, coi propri occhi, che gli oppressori non sentono alcuna ragione: "Vendete i vostri mantelli e compratevi delle spade. Il tempo dell'attesa è finito".

Quando nella sua Introduzione al libro, Gorbaciov aveva scritto: "Come la rivoluzione francese ha determinato tutto il XIX secolo, quella russa, checché se ne dica, ha determinato tutto il XX", si rendeva conto di quello che diceva? Se chi ha fatto quelle rivoluzioni avesse ragionato come lui, non le avrebbe mai fatte.

A tutti dà fastidio, o comunque preoccupa, la vista del sangue, che non a caso la natura ha voluto fare di colore rosso; chiunque sa che le guerre portano lutti e devastazioni ambientali; chiunque sa che per rimarginare certe ferite ci vuole un tempo incredibilmente lungo, tanto che spesso non bastano due o tre generazioni. Ma di fronte a certe situazioni, si può anche arrivare a pensare che non vi erano altre soluzioni. Se l'interlocutore non intende ragioni, se finge di non capire o se, pur capendo come stanno le cose, non agisce in maniera conseguente, non resta che l'uso della *forza*.

Quando si è convinti d'aver ragione, e si è in tanti a pensarla così, non si può rinunciare all'uso della forza solo perché si teme di mettersi dalla parte del torto. Il fatto di poter compiere degli abusi non può indurci a rinunciare all'obiettivo finale. Chi ha sbagliato pagherà, ma nel decidere la pena, i giudici dovranno tener conto del contributo che il colpevole ha dato alla realizzazione dell'obiettivo finale, che era di vitale importanza per milioni di persone.

Va poi detto che Gorbaciov quando fece la *perestrojka*, partì dall'alto, non dal basso. Cioè aveva capito che l'esigenza maturava da tempo e aveva anche capito che se la classe dirigente non avesse fatto qualcosa di decisivo, una nuova rivoluzione sarebbe stata possibilissima. Gorbaciov quindi si attribuisce il merito d'avere impedito una catastrofe generale, "un'esplosione di enorme potenziale distruttivo", come dice a p. 101.

Eppure la *perestrojka* per buona parte è fallita. La Russia di oggi non è certamente quella che lui aveva sognato. Gorbaciov assomiglia a quel faraone egizio, Akhenaton, che voleva sostituire il politeismo col monoteismo, pensando di soddisfare le esigenze di buona parte della popolazione, ma che incontrò una forte resistenza da parte dei sacerdoti, i quali, dopo la sua morte, riportarono le cose alla situazione di prima.

Quand'egli afferma che "nei suoi contenuti la *perestrojka* è stata senz'altro una rivoluzione, ma sul piano formale si è trattato di un processo evolutivo, di un processo riformatore" (p. 101), sta dicendo una cosa scontata. Tutte le "rivoluzioni" compiute dall'alto sono in realtà delle semplici "riforme": innovative quanto si voglia, ma pur sempre realizzate nell'ambito della legalità. Se in Italia Cavour non avesse avuto l'apporto "rivoluzionario" di Garibaldi, l'unificazione sarebbe stata probabilmente molto diversa. Che poi Garibaldi sia stato così ingenuo da farsi strumentalizzare dal Cavour, questo è un altro discorso. Resta innegabile il fatto che senza mobilitazione delle masse, le cose non possono cambiare in maniera radicale. Se i socialisti italiani, guidati da Turati, Treves, Prampolini e altri leader riformisti degli inizi del Novecento, avessero capito una verità così elementare, Mussolini non sarebbe diventato fascista, cioè non sarebbe andato a cercare una diversa mobilitazione di massa per giungere al potere, e in Italia si sarebbe fatta una rivoluzione socialista anche prima della Russia.

Gorbaciov non ha inventato un nuovo modo di fare le rivoluzioni; ha semplicemente dimostrato che se le cose non partono con decisione dal basso, perdono di mordente, diventano incoerenti, come quando, dopo un exploit iniziale, si rimane incartati e non si sa più come giocare; si attende con impazienza la carta decisiva, che sblocchi almeno un po' la situazione, mentre intanto gli avversari macinano punti e, alla fine, arrivano a chiudere prima di noi. Chi gioca a carte evita con cura le posizioni di stallo.

Gorbaciov non avrebbe dovuto fare il segretario di un partito-stato, che per settant'anni aveva gestito il potere in maniera dittatoriale. Avrebbe dovuto mettersi a capo di un'opposizione e minacciare di compiere una rivoluzione se il regime non fosse cambiato. È del tutto inutile dire che "l'esperienza della *perestrojka* dimostra che persino in una società sviluppatasi in un contesto totalitario è possibile attuare delle riforme democratiche *seguendo un cammino pacifico, evolutivo*" (p. 101).

Se c'è stata una cosa che la *perestrojka* è stata costretta a confermare, è stata proprio questa, che in un contesto totalitario *non è possibile* seguire alcun cammino pacifico democratico, o comunque non è possibile farlo sino in fondo. Quindi, in definitiva, non è affatto vero ch'egli abbia compiuto un passo avanti rispetto a Krusciov. Di sicuro non l'ha compiuto riguardo alla *democratizzazione del socialismo*. Semmai possono essere i capitalisti a dire - contro le sue stesse idee originarie - ch'egli ha compiuto un passo avanti verso lo smantellamento di qualunque ipotesi di socialismo.

Quello che conta, infatti, sono i risultati finali. Il detto popolare secondo cui l'inferno è lastricato di buone intenzioni, è stato formulato a ragion veduta, non per fare una battuta di spirito. Quando Lenin rimproverava a Gorki di non aver capito che l'idea di associare cristianesimo a socialismo avrebbe fatto il gioco dei clericali se non se la fosse tenuta come un'aspirazione strettamente personale, da non rendere pubblica, aveva perfettamente ragione. Se la perestrojka doveva servire per democratizzare il socialismo, bisogna dire che, proprio perché fu una "rivoluzione" gestita dall'alto, conseguì il risultato opposto, quello di smantellarlo definitivamente.

Col che non si vuole certo arguire che avessero ragione i comunisti quando sostenevano quel sistema dispotico. Il regime andava indubbiamente abbattuto, ma *dal basso*: non poteva esserlo dall'alto. Nella storia non si è mai visto che dall'alto si sia capaci di vere rivoluzioni e neppure di vere riforme. Quando Cesare volle passare dalla repubblica all'impero, riducendo le funzioni di un senato altamente corrotto, fruiva certamente di un grande consenso popolare, eppure le sue intenzioni furono strumentalizzate per costruire una delle peggiori dittature della storia. E fu la sua fortuna morire ammazzato, in quanto gli storici han potuto evitare di attribuirgli delle responsabilità particolarmente negative. Cesare è passato alla storia come un martire che non meritava d'essere ucciso, e Dante non ha avuto dubbi nell'infilare Bruto e Cassio nella bocca di Lucifero. Una ricostruzione storica, questa, del tutto leggendaria, ma che torna comodo alle istituzioni di potere che vogliono far credere nella bontà delle proprie intenzioni.

Le rivoluzioni dall'alto non possono essere compiute neppure nei regimi cosiddetti "democratici", figuriamoci in quelli totalitari. Quando il potere parla di "rivoluzione" o anche solo di "riforme", di sicuro sta pensando a far del male a buona parte della popolazione, che al 90% dei casi non può essere considerata privilegiata. Quando il potere parla di "riforme", intende sempre "tagliare" qualcosa: "loro" dicono di riferirsi agli sprechi o ai privilegi, ma il più delle volte si tratta sempre di ridurre i diritti acquisiti. Il potere sa di essere arbitrario, ma siccome deve riprodursi e le condizioni per farlo sono sempre più difficili (in quanto non solo non è in grado di affrontare le vere contraddizioni sociali, ma tende anche a peggiorarle, essendo parte di un sistema che rende *oggettivamente corrotti* anche i politici eticamente irreprensibili sul piano personale), deve per forza dimostrare che certe riforme sono inevitabili e che chi non le vuole è perché fruisce di ingiustificati privilegi.

Questi giri di parole, questa demagogia, questo "populismo" - come lo si chiama oggi, senza neppure sapere cosa sia stato storicamente in Russia[8] - riescono a ottenere i loro effetti finché la popolazione non reagisce. E quando questa lo fa, le strade che si possono percorrere sono sempre le stesse: rivoluzione *socialista*, rivoluzione *pseudo-socialista*. La seconda strada è stata percorsa - come noto - dal nazifascismo. Sia Mussolini che Hitler dicevano di avere obiettivi analoghi a quelli del socialismo, ma lo dicevano per fare esattamente il contrario. L'importante per loro era fare qualcosa che togliesse alla democrazia la sua ambiguità, la sua ipocrisia. Pretendevano maggiore coerenza e, una volta ottenuto un ampio consenso, tornarono a compromettersi con i poteri forti della borghesia. È dal Mille che la borghesia in Europa vince. Ci vorranno mille rivoluzioni per abbatterla.

---

[8] Il populismo russo, sviluppatosi dalla seconda metà dell'Ottocento alla rivoluzione d'Ottobre, era contrario sia allo zarismo feudale che al capitalismo industriale, e voleva realizzare una sorta di "socialismo agrario", sulla base della *obščina*, la comune rurale russa. I populisti credevano profondamente nei valori del popolo contadino: diedero importanti contributi alla nascita del socialismo.

VIII

Chi pensa che la *perestrojka* abbia contribuito ad abbattere qualunque idea di socialismo, scambia la realtà coi propri desideri. L'*idea* di socialismo continuerà a sussistere finché esisterà la *pratica* del capitalismo. Cambieranno soltanto le forme e i modi con cui realizzarla. Da questo punto di vista Gorbaciov ha ragione a dire (in corsivo) "nei periodi di profondo, sostanziale mutamento delle basi di sviluppo della società, non soltanto è privo di senso, ma è impossibile proporre un qualsivoglia 'modello' pre-elaborato, ovvero un grafico dettagliato delle riforme" (p. 100).

Inutile qui ricordare che la svolta avvenuta in Cina, dopo la morte di Mao e dopo la fine della cosiddetta "Banda dei Quattro", ripercorre, in un certo senso, lo stesso schema della *perestrojka*: fare le riforme dall'alto, in quanto la popolazione è troppo abituata a obbedire.

Tuttavia una differenza c'è stata. In Russia si è abbattuto anche il potere politico comunista, in Cina no. Quando si è tentato di farlo dal basso, con la rivolta cosiddetta di "Tienanmen" (1989), la reazione è stata durissima. Il potere non ne vuol sapere di democratizzarsi politicamente.[9] Pur di non farlo, è stato addirittura disposto a introdurre il capitalismo nell'economia, convinto di poter controllare autoritariamente il mercato ogniqualvolta si presentino storture insopportabili.

Alcuni comunisti italiani han visto, in questa decisione filo-occidentale, un merito della Cina rispetto alla Russia. Anzi essi sono addirittura convinti che l'idea di conservare il socialismo sul piano politico e d'introdurre il capitalismo su quello economico, sia un'idea vincente, molto originale, che permetterà alla Cina di dimostrare che il capitalismo può essere gestito in maniera democratica, impedendogli le contraddizioni tipiche dei paesi in cui vige la democrazia borghese.

Pare qui di rivedere, in forma rovesciata, quanto fece nell'Inghilterra capitalistica Robert Owen agli inizi dell'Ottocento, quando s'illudeva di poter passare dal "vecchio mondo immorale" della concorrenza e del profitto a un "nuovo mondo morale" della cooperazione e della solidarietà, semplicemente dimostrando che si poteva realizzare un capitalismo di successo garantendo buoni salari e condizioni di lavoro più uma-

---

[9] Lo si è visto anche nei confronti del cosiddetto "Movimento degli ombrelli" di Hong Kong, durato undici settimane, nel 2014, che chiedeva le elezioni dirette per il capo dell'esecutivo. E pensare che proprio il Partito comunista s'era impegnato a concedere il suffragio universale a quella città quando nel 1997 tornò sotto la sovranità cinese.

ne.

Non si capisce perché questi comunisti italiani accettino la definizione di "socialismo utopistico o riformistico" che i classici del marxismo davano a tutte quelle esperienze di produzione cooperativistica anteriori al socialismo scientifico o rivoluzionario, e rifiutino la stessa definizione in riferimento all'esperimento cinese, essendo convinti che con questo esperimento inedito non si sia usciti dai binari dell'ortodossia. È proprio vero che si ha sempre bisogno d'aggrapparsi a una qualche forma d'illusione, la quale, nella fattispecie, risulta essere cieca di fronte a due verità storiche incontrovertibili: la prima è che nessun capitalismo privato si accontenta del solo potere economico, in quanto, per sua natura, il capitale non è mai sazio di nulla; la seconda è che quando un potere politico autoritario ha a che fare con una borghesia che comincia ad avere pretese sul piano politico, la reazione è sempre brutale.

Queste cose le abbiamo già viste in Italia ai tempi dell'Umanesimo e del Rinascimento. Il nostro era un paese ricchissimo, ma quando la chiesa, che pure aveva tollerato lo sviluppo della borghesia, s'accorse che quest'ultima voleva protestantizzarsi, ambiva a unificare il paese e chiedeva di ridimensionare il potere ecclesiastico, ad un certo punto fu scatenata, con l'aiuto della Spagna e degli Asburgo, una durissima Controriforma che, in men che non si dica, riportò l'Italia al Medioevo, e non per un periodo limitato, ma sino alla fine dell'Ottocento.

Questo per dire che la rinuncia a democratizzarsi politicamente non offre in Cina una garanzia maggiore circa la permanenza delle idee socialiste. Anzi, si potrebbe dire che queste idee vengono ancora più screditate. Sarebbe stato quasi meglio avervi rinunciato del tutto, come appunto han fatto in Russia, almeno così nessuno avrebbe potuto attribuire al "socialismo" la resistenza a uno sviluppo democratico del capitalismo sul piano politico.

Certo è che se uno pensa che un qualunque sviluppo politico-democratico del capitalismo sia viziato in partenza, si può capire che preferisca la permanenza di un socialismo autoritario. Tuttavia, se si pensa che un socialismo autoritario possa fare meno male alla società, permettendole d'imborghesirsi economicamente, di quanto invece ne faccia una formale democrazia borghese, si compie un errore. Non si può indurre la popolazione a credere che può essere contemporaneamente libera sul piano economico e schiava su quello politico. Non è morale educare i cittadini a una doppiezza del genere.

A questo punto che al governo vi sia un partito comunista o un pluripartitismo borghese, che differenza fa? Anche in Occidente siamo costantemente abituati a credere di avere la migliore democrazia politica del mondo. Da noi però molti sono convinti che se ci fosse il socialismo sarebbe meglio. Nonostante i fallimenti storici, molti continuano a desiderarlo, convinti di poter evitare gli errori del passato. Ma in Cina che senso avrebbe desiderare una democrazia politica borghese, in alternativa a quella autoritaria del regime comunista, quando è dai tempi di Mao che si è capito che la democrazia borghese è *solo formale*? Cioè quando questa democrazia ha già scatenato un'infinità di guerre (semplicemente perché non voleva essere smascherata), di cui le ultime due sono state le più devastanti, avendo coinvolto l'intera umanità?

Il cinese è un popolo intelligente (lo sta dimostrando economicamente): non può pensare di ottenere maggiore democrazia politica uscendo dal socialismo, e tuttavia, se questo ideale viene rappresentato da un partito autoritario al governo, quali prospettive avrà mai davanti a sé? Prima o poi il problema si porrà, e sarebbe meglio pensarci adesso.

Cerchiamo di capire meglio il fenomeno cinese. Oltre l'80% del prodotto interno lordo è attualmente assicurato da circa cinquecento imprese (che da sole producono il doppio del Pil italiano), di cui circa il 70% è sotto controllo statale, e la quota è in costante aumento. Tuttavia di queste imprese il 60% dell'export è controllato dalle multinazionali occidentali (incluse quelle nipponiche, indiane ecc.) e la quota non sta calando ma crescendo. Le imprese straniere occupano oltre 16 milioni di salariati cinesi: un esercito enorme, che quando inizierà ad alzare la testa rivendicando dei diritti non potrà non far tremare il governo. Già adesso si cerca di contenere le istanze rivendicative favorendo sia l'emigrazione in qualunque paese occidentale che l'occupazione lavorativa nelle aree del pianeta più povere o più difficili da gestire, andando a costruire strade, ferrovie, dighe, scuole, ospedali..., coprendo un buco enorme lasciato dalle multinazionali occidentali.

La Cina, a partire dal 2006, ha iniziato a cancellare unilateralmente tutti i debiti precedenti a quell'anno nei confronti di più di 30 paesi del Quarto mondo, in larga parte africani (è già presente stabilmente in 40 paesi africani, offrendo anche formazione tecnica). Nonostante questo un decimo della popolazione cinese vive al di sotto della soglia di povertà, e considerando i loro numeri, la percentuale è enorme: circa 135 milioni di persone. Indubbiamente il carovita è molto più basso di quello standard dei paesi occidentali, ma è pur sempre vero che il reddito annuale pro-capite è di soli 3600 dollari. È impossibile pensare che le pretese del benessere individuale non aumentino in maniera esponenziale nei prossimi anni. Già adesso la popolazione urbana, cioè quella più interessata all'aumento del benessere, è oltre il 43%, e le città cinesi stanno demograficamente scoppiando, con conseguenze letali a livello ambientale (il 70% dell'energia del paese proviene dal carbone!).

Il governo cinese è convinto di poter far fronte a tutti i problemi tipici del capitalismo puntando sulla proprietà statale del suolo urbano (mentre quello rurale appartiene alle collettività agricole, a loro volta controllate dallo Stato), sulle riserve monetarie, sui metalli pregiati, sulla proprietà dei maggiori monopoli (di cui 43 statali erano ai primi 43 posti nella top 500 del 2008), sulle banche (che finanziano l'80% di tutte le attività d'investimento), sulle compagnie petrolifere e carbonifere, sulla proprietà delle telecomunicazioni e dei mass-media. Nel 2010 delle 100 più grandi imprese cinesi quotate in borsa, 99 erano di proprietà statale.

Il governo vuole un prodotto interno lordo altissimo, costi quel che costi: dal 1978 (anno della svolta) ad oggi è moltiplicato di dieci volte (il debito pubblico ammonta solo al 15-20% del Pil[10]). Ha incentivato un enorme risparmio privato, tra i più elevati del mondo. Spesse volte tende a fare una cosa che da noi sarebbe letteralmente impossibile: dopo aver ceduto determinate proprietà statali a imprenditori privati, che le mettono a frutto, il governo se le riprende offrendo indennizzi del tutto insufficienti.

Poi vi è un'altra anomalia da considerare (descritta da Minxin Pei sull'"Espresso" del 28 luglio 2011).[11] Come noto, di tutte le entrate raccolte dallo Stato, il governo cinese riscuote più o meno il 60% e le amministrazioni locali il resto. Quest'ultime però devono pagare tutti i principali servizi sociali, come l'istruzione, la sicurezza pubblica, le pensioni, l'assistenza sanitaria... Ne consegue che i governi locali sono sempre a corto di capitali. Però essi hanno facoltà di prendere in prestito capitali semplicemente emettendo obbligazioni, il cui tasso è estremamente basso. Da dove attingono i soldi per i finanziamenti? Dalle banche di proprietà statale. In pratica per ottenere questi finanziamenti i governi locali si sono dati degli "strumenti finanziari a scopi speciali", ricorrendo in pratica allo stesso schema privilegiato dagli istituti bancari americani d'investimento durante la bolla dei *subprime* per sottrarre alla vista i loro passivi extra-bilancio. Di solito i governi locali inseriscono in questi strumenti, come collaterali, le loro proprietà terriere a prezzi gonfiati. Reagendo, in preda al panico, alla crisi economica globale iniziata nel 2008, Pechino ha dato disposizione alle banche statali di aumentare in modo consistente l'erogazione di prestiti. I governi locali hanno sottoscritto prestiti in buona parte per finanziare progetti d'infrastrutture, molti dei quali non sono economicamente sostenibili, perché non in grado di gene-

---

[10] Da noi nel 2014 il rapporto debito/pil era del 133,8%!

[11] Se si vuol capire qualcosa della Cina bisogna leggersi gli articoli di questo giornalista: espresso.repubblica.it/senza-frontiere/minxin-pei.

rare sufficiente liquidità per pagare gli interessi sui prestiti e ancor meno per ripagare gli stessi debiti. Attualmente i governi locali sono in debito per circa il 27-33% del Pil cinese. Se anche solo il 30% di questi prestiti non fosse restituito, buona parte del capitale netto delle grandi banche statali cinesi potrebbe essere letteralmente spazzata via.

IX

Gorbaciov ha poi voluto precisare che per realizzare la *perestrojka* volle servirsi della *glasnost*, cioè della trasparenza su quanto lo stalinismo e la stagnazione avevano compiuto prima di lui.

Un atteggiamento, questo, che mi ha fatto venire in mente quanto fece Lenin l'indomani della rivoluzione d'Ottobre. Egli infatti rese pubblico quel vergognoso accordo segreto tra Francia e Gran Bretagna, detto di "Sykes-Picot", con cui i due paesi erano intenzionati a spartirsi l'impero ottomano a guerra conclusa, senza tenere in alcuna considerazione le rivendicazioni dei popoli arabi sottomessi dai turchi. Cosa che poi puntualmente avvenne, a testimonianza che non basta dire la verità per essere creduti. Non a caso il cinico Goebbels diceva che per essere creduti è sufficiente ripetere costantemente la falsità. L'unico a scandalizzarsi davvero fu il colonnello Lawrence (detto "d'Arabia") che, per autopunirsi (avendo illuso gli arabi circa la loro futura indipendenza), volle continuare la vita militare come semplice soldato.

Lenin fece quel gesto non solo per mostrare la spregiudicatezza delle potenze occidentali, ma anche per mostrare la codardia dello zarismo, che conosceva quel trattato segreto e non lo rivelò, anche perché sperava, sempre a guerra conclusa, di prendersi una fetta di quell'impero fatiscente. Mi chiedo se Lenin avrebbe potuto fare la stessa cosa con lo zar ancora seduto in trono? La reazione sarebbe stata durissima e la rivoluzione probabilmente non si sarebbe neppure fatta. Chiunque infatti avrebbe potuto dire che Lenin non amava il suo paese o che lo esponeva a una sorta di pubblica riprovazione.

Una cosa, infatti, è lottare contro un regime politico, fino al punto di volerlo abbattere; un'altra è mettere alla gogna l'intero paese, esponendolo agli attacchi e alle critiche dei paesi stranieri. Se la *perestrojka* di Gorbaciov colpì la nomenklatura nei suoi privilegi, la *glasnost* la ferì nell'onore, nell'orgoglio nazionale. Lui stesso, d'altra parte, lo dice: "senza la *glasnost* non ci sarebbe stata la *perestrojka*" (p. 103).

Il problema però è che, senza un vero abbattimento del regime dittatoriale (qualunque esso sia), in maniera tale che il popolo abbia l'impressione di poter ricominciare veramente da capo, non ci può essere né *vera glasnost* né *vera perestrojka*. La *glasnost*, in Russia, non esiste neppure oggi. Molte cose segrete sono rimaste tali. Ed è naturale che sia così. Quel che si è rivelato (p.es. l'accordo segreto accluso al patto Molotov-Ribbentrop, negato dal Cremlino fino al 1989) lo si conosceva già.

Le riabilitazioni dei tanti comunisti martirizzati dallo stalinismo, coi suoi processi-farsa, erano inevitabili. Gli orrori dei gulag erano noti da un pezzo in Occidente, grazie soprattutto alle opere di Solženicyn. Anche la complicità di Stalin nella strage degli ufficiali polacchi a Katyn si conosceva.

Si sarebbe potuto rivelare molto di più, ma Gorbaciov non ne ebbe il tempo e, dopo di lui, si preferì continuare a tacere, nonostante che del comunismo non si vedesse più neanche l'ombra. Questo perché chiunque si rende conto che non ha senso mettere a nudo il proprio passato, quando non c'è reciprocità da parte degli altri paesi. Anche perché rivelare i propri segreti può essere come il vaso di Pandora: alla fine non si controlla più niente. Il Vaticano, p. es., lo sa bene e non rivela nulla neppure su fatti successi duemila anni fa. E questo atteggiamento è stato fatto proprio anche dai politici dello Stato italiano, che non hanno intenzione di rivelare nulla su taluni vergognosi episodi del nostro passato (dalle stragi di Stato a Ustica, dal delitto Moro al crac del Banco Ambrosiano, ecc.).

I segreti di Stato restano tali a vita, soprattutto se in qualche maniera riguardano il mondo militare. La verità non può mai essere detta, in nessun caso. Tutti gli Stati hanno scheletri nell'armadio (quello turco, p.es., nega ancora oggi che vi sia stato un genocidio degli Armeni), ed è come una regola non scritta che ognuno rispetta alla lettera: i panni sporchi si lavano in casa propria.

In Italia non c'è mai stato alcun governo che abbia fatto una *glasnost* sugli atti dei governi precedenti. Per trovare un briciolo di verità, bisogna attendere le rivelazioni di qualche giornalista d'assalto o di qualche storico che riesce a introdursi furtivamente in qualche archivio polveroso, grazie alla complicità di qualcuno. Ma gli effetti pratico-politici di queste "rivelazioni" sono sempre scarsi. Al massimo finiranno in qualche libro di storia.

Se qualcuno cerca di mettere a nudo le magagne di qualche Stato (come p.es. ha fatto Julian Assange), non trova molto sostegno da parte di altri Stati, proprio perché nel mondo è tutto intrecciato e nessuno vuole recidere i fili della matassa. Nessuno Stato vuole patire conseguenze economiche per aver tollerato delle verità scomode a carico di quegli Stati con cui sta facendo affari.

Gli Stati hanno la coscienza sporca sul loro passato e soprattutto su quello che fanno nel presente, ma siccome questo è un male comune, la regola è quella di tacere, anche quando ci sarebbero delle cose segretissime da dire, la cui rivelazione potrebbe fare molto male.

Al massimo gli Stati si comportano come faceva Giulio Andreotti coi propri avversari politici, avvalendosi del proprio potente archivio. A livello diplomatico e ovviamente molto privato è sufficiente dire poche cose con toni vagamente minacciosi e ricattatori: in genere lo si fa solo quando le cose, per qualche motivo ignoto ai più, si mettono male. Dopodiché si sistema tutto: non vi è alcun bisogno di procedere oltre. Questa capacità persuasiva, basata su aspetti spiacevoli che devono restare molto nascosti, ce l'hanno tutti i servizi segreti, le logge massoniche, sino ai fotografi che rubano la privacy di qualche vip, chiedendo in cambio del loro silenzio una montagna di soldi.

La verità non può e non deve mai essere detta. Gli avvocati lo sanno da tempo e ormai l'hanno imparato anche gli assassini ripresi dalle videocamere o schiacciati da riscontri scientifici sul loro dna. Tutto può sempre essere messo in discussione. Nei confronti della verità non vale la regola dei settant'anni, oltre i quali il copyright perde la sua ragion d'essere.

Ci vorrebbe un organismo internazionale avente una funzione meramente morale, per il quale l'adesione, da parte degli Stati, dovrebbe essere del tutto libera. Ognuno di loro dovrebbe dichiarare in anticipo d'essere disponibile ad aprire i faldoni su un determinato argomento, scelto dagli altri Stati, a maggioranza, permettendo poi che i propri storici o ricercatori collaborino con quelli stranieri nel cercare di far luce su quell'argomento.

Ci dovrebbe essere assoluta reciprocità: nell'arco di un anno i rispettivi ricercatori dovrebbero lavorare su archivi differenti. In questa maniera tutti gli Stati aderenti saprebbero che i propri ricercatori stanno per rivelare qualcosa di segreto appartenente agli altri Stati. Ciò sarebbe un incentivo a credere che la verità esiste e che non è vero che le fonti storiche sono tutte tendenziose o manipolate.

Eliminare in maniera unilaterale la segretezza dello Stato è stato un errore da parte di Gorbaciov, proprio perché non l'ha ripagato come avrebbe voluto. Peraltro la gente comune non ha neppure interesse a conoscere la verità di cose accadute molto tempo addietro. La gente comune vive nel presente e se ha desiderio di conoscere la verità del passato, è perché sente questo passato ancora vivo. In genere più che di sapere la verità delle cose, la gente ha bisogno di *giustizia*. Cioè è anche disposta a chiudere un occhio sulle falsità o semplici bugie che dicono i politici, ma solo a condizione di veder aumentare la giustizia sociale.

È difficile non dare per scontato che la politica sia in sé una cosa sporca. È lo stesso sistema rappresentativo che favorisce tale percezione. Le cose lontane, su cui non si può incidere, se non con incredibile fatica, appaiono sempre malate, difettose in qualche cosa.

Dunque se i politici vogliono conservare la segretezza sulle loro menzogne, che lo facciano, ma devono comunque garantire maggiore giustizia, altrimenti perderanno tutto, anche il diritto alla segretezza.

Può il potere politico fare un ragionamento del genere? No, non può. Cose del genere possono essere dette solo dal popolo. Ecco perché la *glasnost* è fallita. Non ha alcun senso "dare" dall'alto il diritto al popolo di esigere la verità; questo diritto il popolo se lo deve rivendicare da solo, in piena autonomia. La *glasnost* è stata una forma di paternalismo, esattamente come la *perestrojka*. Un paternalismo misto a ingenuità e idealismo.

X

A chi gli chiede perché in Russia non abbia avviato una riforma economica prima di quella politica - come hanno fatto in Cina -, Gorbaciov risponde che le due cose, per poter funzionare in maniera ottimale, dovevano procedere in parallelo. Ma la cosa non funzionò con la dovuta accelerazione. Per quale motivo?

Ciò appare strano. In Cina il maoismo fu sconfessato come lo stalinismo in Russia. Rinunciando al maoismo, il partito (che pur è rimasto un partito-stato) introdusse il capitalismo nella società, pur riservando allo Stato la direzione di buona parte dell'economia e la proprietà della terra. Eliminata la cosiddetta "Banda dei Quattro", il partito fu relativamente unanime nel volere una svolta del genere.

Perché invece Gorbaciov incontrò una forte resistenza proprio all'interno del suo partito? Il motivo in realtà è molto semplice. La Russia era un paese prevalentemente industrializzato. La Cina invece era rimasta molto agricola. In Russia lo stalinismo (e la stagnazione dopo) erano convinti d'aver raggiunto la realizzazione massima possibile del socialismo amministrato dall'alto: lo si poteva soltanto migliorare nei dettagli, anche se non vi si riusciva. In Cina invece si sapeva benissimo d'essere rimasti incredibilmente indietro sul piano industriale. Questo voleva dire che mentre in Russia non si poteva cambiare l'economia senza cambiare la politica, in Cina invece si poteva cambiare l'economia, cambiando solo parzialmente la politica. In Cina cioè il partito poteva introdurre il capitalismo industriale senza rinunciare al proprio tradizionale autoritarismo.

Una soluzione del genere sarebbe stato impossibile in Russia, proprio perché qui lo stalinismo aveva voluto far credere, per settant'anni, d'essere il migliore socialismo del mondo, in grado di competere, in certi settori produttivi, persino coi paesi capitalistici più avanzati. Viceversa la Cina, autoisolatasi col maoismo, sapeva di non competere in nulla. Quindi, in soldoni, era una questione di principio: in Russia gli ideali socialisti avevano raggiunto il massimo livello possibile, restando nell'ambito del dirigismo statale; cambiare economia senza cambiare radicalmente la politica sarebbe stato impossibile.

Nel suo libro Gorbaciov non fa un discorso del genere, ma lo si può dedurre. Si può dedurre però anche un'altra cosa che lui non dice. Che un mutamento compiuto dall'alto, all'interno dello stesso partito e delle stesse istituzioni che per settant'anni avevano gestito il socialismo in una maniera assolutamente sbagliata, è impossibile compierlo con la dovuta radicalità, salvaguardando le idee fondamentali del socialismo, senza un preventivo e largo consenso delle masse popolari.

Guardiamo cos'è avvenuto in Cina. L'introduzione del capitalismo non è stata un'esigenza voluta dalla base, ma è stata un'operazione che hanno compiuto i vertici pur di salvaguardare un certo loro autoritarismo. Si è voluta conservare sul piano politico una certa idea di socialismo che di democratico continua ad avere molto poco, offrendo in cambio alla società la facoltà d'imborghesirsi. Cioè invece di democratizzare il socialismo a tutti i livelli, sia politico che sociale, si è preferito realizzare una forma di compromesso che, per molti aspetti, appare cinica. Assomiglia a quella che realizzò la chiesa romana quando nacque la borghesia comunale. La chiesa, già sommamente corrotta, permetteva il formarsi di una classe sociale non meno corrotta, a condizione che questa classe si limitasse a rivendicare un potere economico, rinunciando a contestare la chiesa sul piano politico, cioè rinunciando a pretendere un proprio potere politico alternativo. Infatti, quando la borghesia cominciò a pretenderlo, la chiesa scatenò la Controriforma e riportò il paese al Medioevo. È quindi molto probabile che in Cina succederà la stessa cosa, anche se in tempi e modi che non possiamo certo prevedere.

In Russia invece Gorbaciov voleva progressivamente democratizzare sia l'economia che la politica senza uscire dai binari fondamentali del socialismo. La strada scelta era più giusta. Inevitabilmente però gli ostacoli da superare dovevano essere molto più grandi. Lui voleva che la democratizzazione avvenisse contemporaneamente dall'alto e dal basso, ma i russi non erano sufficientemente maturi per compierla, né a livello di partito né a livello di popolazione. Questo perché anche la sua impostazione delle cose, pur essendo migliore di quella del partito cinese, restava ugualmente sbagliata. Infatti una vera democratizzazione di un socialismo autoritario non può *mai* avvenire dall'alto, ma *solo* dal basso.

In Russia il colpo di stato del 1991 avrebbe potuto compierlo, indifferentemente, sia qualche dirigente comunista molto autoritario, spalleggiato dai militari, che lo stesso Eltsin e la sua cricca filo-borghese. Sarebbe stata la stessa cosa. Cioè anche se avessero vinto gli stalinisti, non avrebbero potuto conservare la gestione tradizionale dell'economia, poiché questa aveva chiaramente fatto il suo tempo. Probabilmente sarebbe scoppiata una guerra civile. Non è scoppiata semplicemente perché i comunisti ebbero il buon senso di non insistere, ma, poiché il capitalismo non ha nulla di democratico, l'eventualità di una guerra civile non può certo essere scongiurata, sia che il capitalismo venga gestito da monopoli privati o regolamentato dallo Stato.

La differenza tra Eltsin e Deng Xiaoping è stata che il primo ha voluto introdurre un capitalismo selvaggio, mentre il secondo un capitalismo regolamentato. Il primo ha voluto smantellare qualunque idea di socialismo, pur conservando una direzione autoritaria in politica interna, cioè ha usato l'autoritarismo per distruggere velocemente il socialismo a tutti i livelli e portando la Russia allo sfacelo. Già alla fine del 1992 si era capito che la *shock terapy* del governo Gaidar era stata del tutto fallimentare, tanto che quattro anni dopo, in pieno capitalismo, la forma di scambio prevalente tra le aziende era diventata quella del baratto! Non a caso nel 1998 lo Stato doveva dichiarare il *default* sul proprio debito.

Deng Xiaoping invece è stato più accorto, ha saputo gestire la cosa con maggiore prudenza, anche perché sapeva bene che la Cina non ha le stesse risorse energetiche della Russia (p.es. dipende dal petrolio straniero per il 50%). Introdurre un capitalismo selvaggio in Cina avrebbe voluto dire mettersi completamente nelle mani delle multinazionali straniere, che avrebbero sfruttato l'enorme manodopera disponibile, senza favorire in alcun modo la politica del partito. Anzi, col tempo, il potere del partito si sarebbe ridotto a un nulla.

Viceversa in Russia non si è avuto bisogno di far entrare le multinazionali straniere. Siccome industrialmente si era già avanzati, è stato sufficiente permettere a qualche funzionario o imprenditore statale di trasformarsi in capitalista privato e di arricchirsi come voleva. Di qui la nascita dell'oligarchia (e della mafia).

La Russia non ha la saggezza ultramillenaria della Cina: non è la prima volta che passa da un estremo all'altro; le tendenze opposte, slavofile e filo-occidentali, sono una costante nella sua storia; ha sempre fatto molta fatica a trovare una via di mezzo, anche perché la parte europea (quella fino agli Urali) ha sempre voluto dominare quella asiatica della Siberia, salvo il periodo dei Tatari.

In Russia la direzione di Putin, pur essendo rimasta autoritaria, ha cercato di rimediare ai guasti prodotti da Eltsin, ripristinando un certo controllo dell'economia da parte dello Stato, e quindi limitando lo strapotere degli oligarchi, pur continuando, beninteso, a rinunciare all'idea di realizzare un socialismo democratico. Il sistema sociale di Putin è una sorta di capitalismo regolamentato dallo Stato. È molto diverso da quello cinese? Diciamo che ai russi appare insensato che si possa volere il capitalismo in economia restando comunisti sul piano politico. Per loro resta una contraddizione in termini, per cui la dirigenza non sente di avere alcun obbligo a riproporre idealmente qualche idea di socialismo. Ritiene che la strada verso il capitalismo sia irreversibile, benché ciò debba avvenire all'interno di una regolamentazione statale (come d'altra parte è avvenuto in tutti quei paesi europei che hanno percorso per ultimi la strada del capitalismo: Italia, Germania, Spagna, Portogallo ecc., ivi inclusi gli ex satelliti dell'Urss).

Anche questa però è una soluzione destinata all'insuccesso, poiché la Russia resta un paese economicamente debole. La sua forza sta nelle risorse energetiche della Siberia, che però, ai livelli attuali di sfruttamento, non potranno durare in eterno. Prima o poi i nodi verranno al pettine, e quando verranno non ci si potrà difendere dicendo che si continua possedere un grande arsenale atomico, in grado di distruggere qualunque nemico, o che di fronte agli embarghi economici delle potenze straniere si chiuderanno i rubinetti del gas o le forniture petrolifere. Queste cose, quando saranno esplosive le contraddizioni interne, non serviranno a nulla. Anzi, già adesso Putin dovrebbe smetterla di tirarle fuori ogniqualvolta si sente minacciato dagli Stati Uniti. Dovrebbe piuttosto guardare in faccia la realtà del suo paese e chiedersi come democratizzarlo al massimo.

Dunque, per concludere, se la Cina è in grado di competere coi paesi capitalistici avanzati grazie alla propria sterminata manodopera a basso costo, che ha il vantaggio d'essere culturalmente abbastanza formata, per cui è in grado di apprendere velocemente i segreti della tecnologia occidentale; la Russia può invece contare, al momento, soltanto sulle proprie sterminate risorse energetiche. Ma sia l'una che l'altra dovranno, prima o poi, andare incontro a problemi cruciali per la loro sopravvivenza: l'una quando le risorse andranno esaurendosi; l'altra quando s'andrà esaurendo la pazienza dei lavoratori sottopagati.

XI

Il fatto che oggi si abbia la netta percezione che gli Stati, le nazioni, i continenti siano tra loro interconnessi, al punto che quanto succede in un qualunque Stato ha ripercussioni su tutti gli altri, in un modo o nell'altro, con maggiore o minore intensità, di per sé non è un incentivo a credere che sia migliore il socialismo rispetto al capitalismo.

Gorbaciov è convinto che se la consapevolezza di questa interdipendenza aumentasse considerevolmente, gli Stati che oggi esercitano un'egemonia planetaria si preoccuperebbero di più delle condizioni di vita di chi viene sfruttato o di chi è costretto a stare sottomesso. È come se ai paesi capitalisti egli volesse dire: "se volete continuare a essere benestanti, dovete cercare d'esserlo di meno". O, in altre parole: "preferite rinunciare a una parte del vostro benessere o rischiare di perderlo del tutto?".

Questa, di Gorbaciov, appare come una sorta di esortazione morale. Assomiglia alle profezie veterotestamentarie dirette contro i ricchi e i potenti. Per risolvere i problemi mondiali occorre una reciproca collaborazione: questo il suo messaggio all'umanità. Che però, in realtà, dovrebbe essere un messaggio rivolto ai paesi che dominano lo scenario internazionale, poiché tutti gli altri non sono neanche in grado di porsi autonomamente il problema della collaborazione. Qualunque destino i paesi del Terzo e Quarto mondo lo subiscono.

Nella sua concezione della politica estera, Gorbaciov riflette i limiti della sua concezione della politica interna. Piuttosto che usare o far usare la *forza* come strumento di persuasione, da parte degli oppressi, preferisce avvalersi della *ragione* per convincere gli oppressori a mitigare il loro cinismo, il loro egoismo, la loro spietatezza.

Pur dichiarandosi ateo, ha un'impostazione delle cose tipicamente religiosa, molto somigliante a quella tolstojana o gandhiana (ma la si ritrova anche in M. L. King, in Mandela e in tanti altri famosi personaggi della storia, che confidavano di più nella benevolenza dei potenti che non nella caparbietà e determinazione dei sottoposti: si pensi ad es. ai tanti "eroi" del socialismo utopistico europeo).

Nella storia però le cose non cambiano in questa maniera. Anche quando si trovano dei sovrani "illuminati", che vorrebbero "democratizzare" le loro monarchie, le intenzioni durano poco, si scontrano sempre con una resistenza insuperabile da parte delle classi egemoni. In Russia quando si abolì il servaggio, i latifondisti seppero fare in modo di ridimensionarlo enormemente sul piano economico, tanto che alla fine si diede una libertà soltanto giuridica.

Chi ha, vuole continuare ad avere. Chi è abituato a un certo tenore di vita, vede con molta preoccupazione una qualunque flessione. Si è disposti ad accettare, temporaneamente, una progressione crescente degli introiti meno intensa rispetto a un certo livello standard, ma non si è disposti ad accettare una perdita di ciò che si è già acquisito. Una qualunque retrocessione è guardata con molta preoccupazione, soprattutto in quei paesi dove chi arriva secondo è come se fosse ultimo.

È l'abitudine al benessere che porta a pensare che qualunque passo indietro comporti il rischio di finire nel baratro. Chi vive negli agi ha una percezione delle difficoltà della vita completamente diversa da quella di chi vive nella miseria: paradossalmente anche un piccolo problema può risultare molto fastidioso, proprio perché si è abituati a confrontarsi con chi è di pari livello o di livello superiore e non si ha la più pallida idea di come riescano a sopravvivere quelli che non dispongono di un certo reddito annuale.

Ecco perché tutta l'impostazione gorbacioviana della politica interna ed estera peccava d'ingenuità o di moralismo. Gli interessi di *classe* non possono mai essere in secondo piano rispetto a quelli *universali*. Proprio perché il proletariato, rurale e industriale, ha solo un modo per influire sugli interessi universali: far valere quelli di *classe*. I proletari, cioè i lavoratori che non dispongono altro che del proprio salario, non hanno gli strumenti per mutare i destini dell'umanità se non appunto quello di dimostrare che soltanto i propri interessi sono in grado di rispondere alle esigenze del mondo intero.

Il fatto stesso che la politica "umanitaria" di Gorbaciov sia stata, dopo pochi anni, strumentalizzata proprio dalle forze più borghesi dell'umanità, avrebbe dovuto farlo riflettere. Gli Stati Uniti spadroneggiano come mai erano riusciti a fare prima; il muro di Berlino è crollato non a favore di un socialismo democratico, ma a favore della Germania affaristica; i paesi che hanno rinunciato al socialismo statale si sono messi nelle braccia del capitalismo privato straniero.

Gorbaciov ha ottenuto esattamente il contrario di ciò che aveva prospettato. Una parte di responsabilità ricade anche su di lui. I suoi discorsi potevano andar bene per uno statista intenzionato a migliorare le cose, ma non erano in grado di porre le condizioni per impedire che qualcuno ne approfittasse per distruggere tutto. Se volevano essere dei discorsi a favore delle masse oppresse, queste avrebbero dovuto pretendere molto di più, e certamente non in direzione del capitalismo.

Vi è poi un'altra cosa da dire sulla questione dell'interconnessione degli Stati. Se si è convinti ch'essa sia assolutamente vitale per i destini dell'umanità, non si può sostenere che "ciascun popolo ha diritto alla propria via di sviluppo e al proprio modello di vita" (p. 115). Indubbiamente è giusto liberarsi da qualunque forma di dipendenza coloniale (politica, economica, culturale ecc.). Ma se si è interconnessi, non si può restare indifferenti al modello di sviluppo che sceglie un determinato popolo. I problemi, infatti, non vengono fuori quando un paese sceglie l'autarchia e il baratto, cioè l'autoconsumo. Ma vengono fuori quando un paese, dopo aver scelto, al proprio interno, un forte antagonismo sociale, inizia a rivolgersi all'esterno con intenzioni minacciose, aggressive, sperando cioè di attenuare i propri conflitti di classe. Si usa la politica estera (p.es. inventando dei nemici inesistenti) per risolvere problemi di politica interna. Gli americani, in questo, sono degli specialisti: i bombardamenti "umanitari" in Irak, Afghanista, Jugoslavia, Libia, ecc. sono stati fatti proprio per dimostrare che la loro democrazia è la migliore del mondo. Persino in politica interna riescono a far passare i gravi conflitti sociali come degli assurdi conflitti razziali.

Se siamo tutti interconnessi, lo siamo purtroppo anche quando qualche popolazione o qualche Stato fa delle scelte sbagliate, che andranno a pesare sulle scelte altrui. Ecco perché non si può garantire a tutti i popoli una libertà assoluta. Ci si deve confrontare periodicamente, assiduamente, sui *criteri* con cui si gestiscono le proprie risorse. Oggi non esistono organismi internazionali del genere. Infatti quelli che abbiamo vengono usati dalle potenze egemoniche per minacciare o ricattare o addirittura strangolare quelle più deboli, che magari sono ricche di risorse naturali o poste in luoghi strategici.

Oggi le popolazioni mondiali non devono ambire a sentirsi libere di poter fare ciò che vogliono, ma devono darsi degli strumenti internazionali con cui controllarsi a vicenda, con cui collaborare sui problemi comuni. E la collaborazione non deve vertere su quello che uno può dare e quello che uno dovrebbe ricevere. Queste forme di assistenzialismo, prese in sé, non servono a nulla, anzi, perpetuano i meccanismi della dipendenza economica.

Oggi il vero problema da risolvere è il seguente: dopo mezzo millennio di colonialismo, i paesi del Terzo mondo sono stati completamente sconvolti nelle loro economie tribali tradizionali, per cui dipendono completamente dai paesi occidentali; come potranno tornare a delle economie naturali, democratiche, basate sulla proprietà comune dei mezzi produttivi senza il consenso dei paesi egemoni? Come potranno i paesi egemoni dar loro il consenso se proprio la dipendenza di quelli garantisce la loro egemonia?

I problemi mondiali non possono essere risorti se non con dei conflitti mondiali, esattamente come il conflitto tra capitale e lavoro non può essere risolto se non in maniera rivoluzionaria. Non si può pensare di poter evitare la rivoluzione confidando nella magnanimità e nella comprensione di chi comanda. Si potrà farlo una volta, due volte, ma alla terza si è soltanto degli ingenui facilmente strumentalizzabili.

I discorsi di Gorbaciov andrebbero bene se gli Stati fossero equivalenti, sulla stessa linea di partenza, se avessero una forza analoga o un ruolo reciprocamente compensativo. Cioè andrebbero bene se non esistessero gli ultimi 500 anni di storia, in cui l'Occidente ha realizzato l'occupazione integrale del pianeta per poterlo sfruttare secondo propri esclusivi interessi.

Qui tuttavia non abbiamo a che fare con un politico che non ha argomenti per difendere le proprie tesi. Quando Gorbaciov parla di "nuovo pensiero" non si riferisce soltanto all'idea di "villaggio globale", in cui tutto è intrecciato in maniera inestricabile. Si riferisce anche al fatto che se qualcuno ha intenzione di rifiutare la dipendenza reciproca e pensa di poter continuare a esercitare la propria egemonia, anche a costo di usare le armi atomiche, è bene che il mondo intero sappia che l'uso di armi del genere porterebbe alla distruzione dell'umanità, cioè non vi sarebbero né vinti né vincitori.

Ora, è senza dubbio vero che gli ordigni attualmente esistenti sono in grado di distruggere l'intero pianeta non una ma più volte. E questo nonostante i tentativi di disarmo operati durante la *perestrojka*. Ma guardiamo in faccia la realtà. Chi dispone di armi atomiche, se le tiene ben strette, proprio perché sa che può usarle come forma di deterrenza o di dissuasione nei confronti di possibili nemici. E non è che possiamo sperare che un organismo internazionale come l'Onu avrà forza sufficiente per impedire l'uso di armi così mostruose. L'Onu è ancora in mano alle cinque potenze che hanno vinto la seconda guerra mondiale. Non è un organismo rappresentativo dell'umanità, tant'è che sempre più spesso, ultimamente, viene usato proprio per colpire militarmente degli avversari considerati pericolosi o terroristici dall'Occidente, come è stato il caso p.es. di Milošević, di Saddam Hussein, di Gheddafi, ecc. Lo stesso Osama bin Laden è stato fatto fuori senza neppure consultare il governo pakistano. E c'è mancato poco che l'Onu permettesse o favorisse guerre locali o regionali contro il governo siriano (che ha comunque dovuto smantellare il proprio arsenale chimico) o contro i separatisti filo-russi in Ucraina. Quando l'Onu si muove si ha sempre l'impressione che lo faccia per tutelare gli interessi di Usa, Francia e Gran Bretagna. In Jugoslavia tutelò soprattutto gli interessi della Germania.

L'Onu sta cominciando a far paura, perché per la prima volta lo si sta usando per bombardare in nome dei diritti umani e della democrazia, e le armi che si usano non sono proprio del tutto convenzionali (vedi quelle al fosforo o all'uranio impoverito). Andando avanti di questo passo, diverrà inevitabile usare armi nucleari, magari anche solo all'idrogeno, così si uccideranno le persone senza distruggere gli ambienti materiali (almeno così i militari e gli scienziati "democratici" assicurano).

Cioè l'idea che non possa scoppiare alcuna guerra nucleare, appunto perché tutti sanno che non vi sarebbero né vinti né vincitori, non regge. Come non reggeva l'idea che la paura reciproca nell'uso del nucleare avrebbe indotto le superpotenze (al tempo della guerra fredda) a temersi reciprocamente (equilibrio del terrore).

Quando domina la diffidenza reciproca, le guerre possono scoppiare molto facilmente, anche per un banale incidente male interpretato. Per non parlare del fatto che proprio a causa della paura si cerca di realizzare armi sempre più potenti e sofisticate, come quando Reagan volle mettere 108 missili Pershing 2 e 464 missili Cruise (entrambi nucleari) in basi militari americane situate in Gran Bretagna, Italia e Germania occidentale (Belgio e Olanda rifiutarono)[12], o quando pensò di lanciare il progetto del cosiddetto "Scudo Spaziale", con cui intercettare tutti i missili lanciati dal nemico, nella convinzione che con questa strategia del surclassamento tecnologico l'Urss sarebbe crollata.

Se non c'è distensione, c'è la corsa sfrenata al riarmo sempre più sofisticato e devastante. Tuttavia con Gorbaciov la distensione fu, più che altro, unidirezionale. Gli Usa fecero assai poco per tranquillizzare l'umanità. Anzi, la posizione di Gorbaciov li colse impreparati, come lui stesso disse di Reagan a Reykjavik. Gli sembrava di avere a che fare non con un capo di stato, in grado di assumersi delle responsabilità, ma con il rappresentante di poteri non istituzionali, cui avrebbe dovuto rendicontare prima di prendere qualunque decisione.

---

[12] Per evitare questa sciagura l'Urss s'impegnò nel 1987 a distruggere un numero di testate quattro volte superiore a quello degli Stati Uniti, rinunciando altresì a conteggiare i missili nucleari francesi e inglesi.

XII

In Gorbaciov vi è un certo "grecismo" o, se si accetta che la figura di Socrate delineata da Platone sia quella giusta (il che però non è), un certo "socratismo" nel modo d'affrontare il cosiddetto "atteggiamento responsabile" che gli uomini dovrebbero avere di fronte ai problemi cruciali della loro esistenza. Lo si nota quando dice che "l'ingresso dell'umanità nell'era nucleare, il cambiamento qualitativo del carattere delle armi, hanno aperto una fase assolutamente nuova nella storia dell'uomo. Un conflitto in cui si utilizzino le armi moderne può portare alla distruzione del genere umano" (p. 116).

Il suo "grecismo" sta appunto nel fatto di credere che i poteri dominanti, posti di fronte alle possibili conseguenze devastanti delle loro azioni, abbiano la capacità di rinsavire e di fare, all'ultimo momento, un passo indietro. Cioè per Gorbaciov dovrebbe essere sufficiente *conoscere* la portata del male per arrivare a *non compierlo*. "Grecismo" o "socratismo" vuol dire infatti ingenuità, ottimismo, fiducia in se stessi e nel prossimo. Il male si compie semplicemente perché "non si conoscono" sino in fondo tutte le sue conseguenze.

Il "grecismo" era una posizione intellettualistica, che contraddiceva peraltro la stessa decisione, da parte degli ateniesi, di condannare a morte il più grande filosofo ch'essi avessero mai avuto. Quando Paolo di Tarso scriveva nella sua Lettera ai Romani (7,15) ch'era arrivato al punto di fare non ciò che voleva, ma ciò che non voleva, aveva già capito che il "grecismo" era una posizione ingenua, per certi versi infantile.

La storia, infatti, ci dice che quando gli uomini vogliono "dominare", non si tirano indietro di fronte a nulla. Si può ragionare e discutere quanto si vuole, ma, in ultima istanza, occorrono rapporti di *forza* quando chi la esercita non intende ragioni. In caso contrario ci si deve rassegnare a un ruolo subordinato, a perdere la libertà, a vivere da schiavi.

Guai a pensare di potersi ritagliare un qualche spazio di libertà in una condizione di schiavitù: questa illusione lasciamola alla *Fenomenologia* hegeliana *dello spirito*. Lo schiavo che pensa di potersi ritagliare soltanto nella propria coscienza uno spazio di libertà, semplicemente perché teme che l'uso della forza potrebbe compromettere il suo senso di umanità, è soltanto un ingenuo, anzi, alla fine, se cerca di convincere gli altri a comportarsi come lui, è un irresponsabile.

La forza va combattuta anche con la forza: chi la esercita deve saperlo. Semmai si può dire che, sia prima di usarla che dopo averla usata, si farà di tutto per dimostrare che più importante della forza è la *ragione*, il *diritto*, l'*esempio*, la *solidarietà umana*, lo *spirito di sacrificio*, e tutti i valori che si pensa siano utili per infondere pace e sicurezza.

Il problema vero, infatti, sta proprio in questo, che i poteri dominanti oggi sono giunti alle armi nucleari dopo che per un millennio hanno abituato le popolazioni a credere che l'uso della forza è fondamentale se si vuole "dominare". Gli europei e gli statunitensi non usano sempre la forza militare per dominare il mondo; anzi, oggi potremmo dire che la forza prevalente che usano è quella economico-commerciale, finanziaria, tecnologica... Ma in caso di necessità non si fanno tanti scrupoli a usare anche quella militare (l'abbiamo visto in Corea, Vietnam, Iraq, Jugoslavia, Somalia, Libia, nelle isole Falkland e in quella di Grenada, in Afghanistan ecc.). Non sono arrivati a usare le armi nucleari semplicemente perché non hanno avuto a che fare, dal secondo dopoguerra ad oggi, con una resistenza davvero preoccupante. L'unico momento in cui si è temuto un conflitto nucleare è stato quando i russi avevano installato dei missili a Cuba, temendo che l'isola fosse di nuovo oggetto d'invasione americana, come nel tentativo, fallito, nella Baia dei Porci (1961).

In casi del genere dovrebbe essere la stessa popolazione a reagire contro i propri poteri dominanti, per dissuaderli dal compiere gesti sconsiderati. Questa cosa però raramente avviene, proprio perché i mezzi di comunicazione sono gestiti dagli stessi poteri, che fanno credere quel che vogliono. Quando il governo di Truman decise di sganciare l'atomica su Hiroshima, disse che in quel modo si sarebbero risparmiate le vite di molti soldati americani. La popolazione gli credette, al punto che nessuno ebbe nulla da eccepire quando, pochi giorni dopo, si decise, pur sapendo gli effetti devastanti sulla popolazione e sull'ambiente che aveva procurato la prima, di sganciarne un'altra su Nagasaki.

Si erano compiute due abominevoli stragi in maniera assolutamente irresponsabile, in quanto il Giappone, una volta sconfitta la Germania nel teatro europeo, non aveva alcuna possibilità di scampo. Molti storici affermarono che quelle due bombe furono in realtà un segnale lanciato ai russi: un invito a non pensare che la vittoria militare contro i tedeschi potesse essere considerata una dimostrazione della superiorità del socialismo sul capitalismo. Gli Stati Uniti volevano far capire al mondo intero che, d'ora in avanti, sarebbero stati loro a difendere con ogni mezzo la superiorità del capitalismo. E, a tutt'oggi, non si può dire che non vi siano riusciti. Lo dimostra anche il fatto che da allora non hanno più avuto bisogno di usare armi nucleari, se non quelle al fosforo, al napalm e all'uranio impoverito.

Il fatto però che i governi americani non abbiano mai chiesto scusa ai giapponesi per aver usato dei mezzi assolutamente sproporzionati con cui cercare d'avere ragione del nemico sul piano militare, compiendo un delitto che, quanto meno, è paragonabile ai lager nazisti, è indicativo del loro senso di moralità. I poteri dominanti hanno la capacità d'influenzare maledettamente la mentalità e i comportamenti delle loro popolazioni. Ecco perché anche queste ultime, volendo, potrebbero arrivare a compiere cose insensate, indipendenti dalla loro volontà, cose che, in contesti diversi, non farebbero mai, cose che, una volta compiute, appaiono in tutta la loro assurda tragicità e di cui non pochi arrivano a pentirsi.

Cosa abbiano fatto questi potentati (economici e politici) sotto il nazismo, il fascismo, lo stalinismo, il maoismo e l'americanismo è sotto gli occhi di tutti, eppure non tutti riescono a vedere quel che c'è da vedere. Tutti guardiamo nella stessa direzione, ma non vediamo le stesse cose. Tutti desideriamo la pace, ma non usiamo gli stessi strumenti per realizzarla. Quando gli antichi Romani dicevano "si vis pacem para bellum", lo dicevano perché volevano dominare; ma il loro principio - se ci pensiamo bene - dovrebbe valere anche per chi si deve difendere. È nell'usare la forza a scopo difensivo che si deve dimostrare d'essere umanamente migliori di chi la usa a scopo offensivo. E questo è un compito che oggi deve riguardare tutti: dirigenti politici, militari e semplici cittadini.

È dalla prima guerra mondiale che stiamo assistendo al crescente coinvolgimento delle popolazioni civili nei conflitti bellici. Ormai siamo arrivati al punto che una dichiarazione di guerra non viene più fatta solo dai poteri dominanti, ma anche dalle loro stesse popolazioni. Cioè non abbiamo soltanto a che fare con delle popolazioni inermi, che subiscono passivamente la volontà insensata dei loro statisti: oggi le popolazioni vogliono sentirsi protagoniste attive. Sono gli stessi mass-media che le inducono a esserlo; poi bisogna vedere se esse sono capaci di capire quanto la loro mobilitazione sia giusta o sbagliata. Quando si offre un consenso esplicito, sulle piazze, a una dichiarazione di guerra che fa il dittatore della nazione, davvero si sta esprimendo la volontà dell'*intera nazione*? Molti socialisti pensarono che Lenin fosse impazzito a chiedere la trasformazione della prima guerra mondiale in guerra civile, da farsi all'interno di ogni singola nazione, contro quella parte di popolazione che aveva sostenuto la decisione dei politici di entrare in guerra. Tutti erano convinti che non sarebbe servito a niente vincere la guerra civile se poi si fosse persa la guerra mondiale. Tutti avrebbero considerato i socialisti dei traditori della patria.

Eppure lui dimostrò esattamente il contrario: fece la rivoluzione, dichiarò la pace in maniera unilaterale, facendo perdere alla Russia una quantità enorme di territorio, e così poté sconfiggere l'inevitabile contro-rivoluzione, dopodiché si riprese i territori che aveva ceduto. Un genio assoluto della politica, non c'è che dire. Voleva sì la Russia libera, ma anzitutto dai nemici interni: feudalesimo e capitalismo; i nemici esterni sarebbero stati sconfitti dopo.

Il che non vuol dire che il contrario non sia possibile. Noi italiani, p.es., abbiamo fatto l'unificazione pensando anzitutto a eliminare l'oppressore straniero in patria. E nel primo ventennio del Novecento siamo stati lì lì per fare la rivoluzione socialista. Peccato aver perso il treno. Peccato averlo riperso nel corso della Resistenza e del Sessantotto. Non è la cosa più semplice del mondo educare la popolazione a credere che i destini di un paese non devono essere lasciati in mano alla sola classe dirigente.

XIII

Quello che stupisce in Gorbaciov è che, da un lato, afferma essere "difficile immaginare che in un futuro prossimo l'umanità sarà capace di rinunciare del tutto all'uso della forza militare per tutelare i propri interessi"; dall'altro invece sostiene che "nelle condizioni attuali la sicurezza (soprattutto se ci si riferisce alle grandi potenze, e a quelle nucleari in primo luogo), può essere soltanto reciproca e... solo universale" (p. 117). La professione di realismo, nella prima parte della frase, sembra essere fatta soltanto per non apparire ingenuo; ma nella seconda parte egli sembra davvero essere convinto che sia possibile una coesistenza pacifica in nome del timore di una reciproca distruzione.

Un discorso del genere può portare a credere che gli Stati Uniti, fino adesso, abbiano fatto bene a dichiarare guerra alle nazioni che non accettavano gli ispettori dell'Onu per verificare se davvero non disponevano di armi di sterminio di massa. In questo momento infatti l'umanità sembra trovarsi nella condizione di chi crede sia un bene che solo poche nazioni dispongano di armi del genere, e che quindi sia giusto che ad altre venga impedito di imitarle. Cioè invece di pretendere che tutti gli Stati smantellino i propri arsenali nucleari, chimici e di altro genere, noi dobbiamo aver fiducia che quei pochi Stati che ne dispongono, se ne servano soltanto per minacciarne l'uso, non per usarli effettivamente.

Com'è possibile fidarsi di un paese aggressivo come gli Stati Uniti, che ha già usato due bombe atomiche contro popolazioni inermi, e tante altre non meno nocive per la salute, come quelle al fosforo, all'uranio impoverito e al napalm, senza considerare i test nucleari di superficie in varie parti del pianeta, devastando completamente l'ambiente? Perché dovremmo impedire ad altri Stati di possedere armi equivalenti?

La sicurezza non può essere data dal fatto che chi dispone di armi atomiche non vuole che altri le possiedano, o dal fatto che dichiara di non volerle usare in un conflitto locale o regionale, o dal fatto che assicura che le userà solo in caso di estrema necessità o solo per difendersi o che non le userà mai per primo (come hanno detto i russi, ma non gli americani, che invece contano proprio sul colpo preventivo per mettere l'avversario immediatamente in ginocchio). L'umanità non può fidarsi delle dichiarazioni di chi non vuole avere rivali nel proprio ruolo egemonico mondiale.

La sicurezza può essere davvero universale solo se chi, disponendo di armi nucleari, dà il buon esempio e comincia a smantellarle per primo. Solo chi accetta di farsi controllare, merita fiducia. Si può certamente pretendere un controllo reciproco, anzi multilaterale e simultaneo; ma non si può pretendere che i primi a disarmarsi sul piano nucleare o chimico siano i paesi più piccoli o più deboli. È scandaloso che l'Onu non si sia mai espressa in questo senso. Se le potenze nucleari non offrono alcuna garanzia circa il loro disarmo, bisognerebbe che tutte le altre si coalizzassero per chiedere con insistenza che nei confronti di queste nazioni si esercitino tutte le pressioni possibili, da quelle diplomatiche a quelle economiche e politiche.

Se le armi di distruzione massiva non vengono eliminate, bisogna dare per scontato che, superato un certo livello d'intensità in un conflitto bellico, esse verranno inevitabilmente impiegate. È il fatto stesso di possederle che induce a usarle. È la convinzione di poter vincere una guerra proprio in virtù di queste armi che, in ultima istanza, fa decidere in loro favore.

Già con la prima guerra mondiale era apparso chiaro che i generali si fidavano ciecamente dell'efficacia delle armi, più che del coraggio dei loro militari, i quali solo dopo massicci bombardamenti dovevano sostenere un corpo a corpo. Per indurre i soldati a combattere, rischiando la morte, i generali e i politici erano costretti ad affermare che le armi erano molto potenti e che il conflitto sarebbe durato poco. A maggior ragione questa cosa la direbbero oggi in un conflitto nucleare. Chi dispone del massimo della tecnologia militare ha sempre più l'impressione, quando la usa, di stare davanti a un videogioco, dove l'avversario non è neppure visto fisicamente. In condizioni del genere i livelli di consapevolezza e quindi di responsabilità sono ridotti al minimo, per cui si può tranquillamente compiere qualunque azione mostruosa.

Non ci si può fidare della buona volontà o del buon senso di chi si è voluto dotare di armi di sterminio di massa, meno che mai quando ha già mostrato di volerle usare e senza pentirsi d'averlo fatto. Quando si vive in un condominio molto grande, il primo che sente odore di gas e non dà l'allarme generale, dovrebbe essere considerato un pazzo irresponsabile.

Gorbaciov naturalmente fece benissimo a ridare fiducia alla possibilità di un reciproco disarmo nucleare, pur in presenza di sistemi sociali opposti. E fece anche bene a dimostrare che aveva comunque intenzione di fare qualcosa di concreto, anche se l'avversario non si sarebbe comportato in maniera conseguente.

Tuttavia ciò non è bastato e non poteva bastare. Infatti sono gli stessi paesi denuclearizzati che devono muoversi e devono farlo con solerzia e decisione: non possono aspettare di vedere nuovi disastri umanitari e ambientali prima di reagire. Abbiamo già visto di cosa è capace il nucleare (e anche il chimico a Bhopal e a Seveso, per non parlare dei Vietnam) e sappiamo che non c'è rimedio ai suoi effetti (di sicuro non in tempi brevi), tanto meno ci sarà a quelli del nucleare di oggi, infinitamente più potente di quello usato contro il Giappone. È orribile pensare che una generazione abbia il diritto di sentirsi libera di scaricare il peso della propria insensatezza sulle generazioni successive *per omnia saecula saeculorum*.

In tal senso è stato un peccato che il Movimento dei paesi non allineati (NAM) si sia quasi annullato dopo la fine della guerra fredda. Ha dato l'impressione che non fosse esattamente equidistante da Usa e Urss. Si sarebbe invece potuto trasformare in un movimento di paesi denuclearizzati, mantenendo viva l'attenzione sulla necessità di ostacolare la produzione e la diffusione di armi di sterminio massivo e di boicottare in qualche maniera i paesi che non le smantellano, senza cadere nella trappola di chi dice ch'esse possono servire contro eventuali meteoriti o asteroidi che si dirigono casualmente verso la Terra.[13]

A dir il vero il Movimento esiste ancora: vi aderiscono 120 nazioni (altre 17 sono membri osservatori) e mira a rappresentare le istanze politiche, economiche e culturali dei paesi in via di sviluppo. Ma l'idea di rivendicare un "nuovo ordine economico internazionale" ha perso qualunque mordente dopo il crollo dell'Urss. Eppure il Movimento è la seconda più grande organizzazione ed entità internazionale del mondo dopo le Nazioni Unite (diciamo anche la più diretta alternativa alle Nazioni Unite, dove gli "atlantisti", cioè Usa e Unione Europea, la fanno da padroni). Le motivazioni per non essere allineati con le superpotenze non sono certo venute meno. E se quelle superpotenze continuano a non volersi disarmare, non possiamo certamente reagire armandoci il più possibile. Come minimo si dovrebbe esigere che l'Onu non resti in mano a un Consiglio di sicurezza i cui componenti, essendo tutti ampiamente nuclearizzati, non garantiscono alcuna "sicurezza".[14]

---

[13] L'ultimo meteorite è esploso sopra la città di Čeljabinsk, nella zona degli Urali, provocando un'onda d'urto che ha danneggiato 3000 edifici e ferendo circa 1200 persone, non a causa dei frammenti dell'oggetto, ma proprio a causa dell'onda d'urto che ha mandato in frantumi un numero spropositato di finestre.

[14] Circa due terzi degli Stati membri delle Nazioni Unite sono membri a pieno titolo del Movimento Non Allineato (NAM). L'Unione Africana (UA), l'Organizzazione di solidarietà dei popoli afro-asiatici, il Commonwealth delle Nazioni, il Movimento di Indipendenza Nazionale Hostosiano, il Fronte di Liberazione Nazionale Socialista Kanak, la Lega Araba, l'Organizzazione per la Cooperazione Islamica (OCI), il Centro Sud, le Nazioni Unite e il Consiglio Mondiale della

---

Pace sono invece tutti osservatori. Gli Stati Uniti e la Nato, che ambiscono a presentarsi sotto il termine di "comunità internazionale" quando si riferiscono a se stessi, sono una esigua minoranza globale a confronto del NAM. Tuttavia dalla fine della guerra fredda la forza del NAM è stata erosa, mentre gli Stati Uniti, le riforme economiche neoliberiste, il FMI e la Banca mondiale hanno acquisito sempre più controllo sui membri del NAM, molti dei quali sono tornati ad essere delle colonie *de facto*. Mi piace comunque l'idea di Samir Amin di parlare di "Movimento dei paesi non allineati alla globalizzazione".

XIV

Gorbaciov è particolarmente contrario a ogni forma di *ideologia*: lo dice a più riprese, equiparando l'ideologia a qualcosa di schematico, di unilaterale. Usa il termine come lo usava Marx, senza rendersi conto che con Lenin aveva preso un significato positivo. Lenin giudicava inconsistente il movimento anarchico proprio perché - secondo lui - non aveva alcuna ideologia, era povero di contenuti.

Certamente oggi possiamo continuare a usare la parola "ideologia" in senso negativo, come quando diciamo che uno ne è affetto perché nega l'evidenza. Lo diciamo per non usare degli equivalenti più offensivi, come "ipocrita", "limitato" ecc. Tuttavia guardiamo con sospetto anche quelli che dicono di non avere alcuna ideologia. Gli eclettici, i relativisti, gli opportunisti ci danno sempre l'impressione d'essere cinici, amorali, disposti a qualunque compromesso. Di fronte a questa gente preferiamo le persone "ideologiche", appunto perché mostrano di voler credere in determinati princìpi.

In ogni caso ognuno di noi ha una propria ideologia, che ne sia consapevole o meno. Una volta si usava la parola "filosofia" e si chiedeva all'interlocutore: "qual è la tua filosofia di vita?". E non ci si scandalizzava se quello rispondeva: "sono un seguace di...".

Senonché da quando è venuto fuori il socialismo è difficile usare il termine "filosofia" senza apparire antiquati. "Ideologia" è diventato un termine più pregnante, proprio perché presuppone un nesso con la politica.

Se uno ha soltanto una "filosofia" e non anche un'ideologia politica, ci appare un po' kantiano, cioè un po' fuori dal mondo. A questi livelli ci paiono più concreti i teologi, i quali, pur parlando di cose indimostrabili, si distinguono chiaramente tra loro, appartenendo a religioni differenti, le quali presumono d'essere socialmente impegnate.

Indicativamente oggi si potrebbe dire che sia le dispute teologiche che quelle filosofiche interessano soltanto una nicchia di persone. Tuttavia bisogna dire che anche le dispute di tipo ideologico spesso sono le più inutili di questo mondo.

Potremmo invece chiederci una cosa: se ciò che più conta è risolvere i problemi della gente comune, che senso ha pensare di poterlo fare solo *dopo* essersi messi d'accordo sul piano ideologico? Non si rischia forse, in questa maniera, di non risolverli mai?

Questo però non significa che non si debba avere una propria ideologia politica e che non ci si debba sentire liberi di modificarla sulla base di esigenze concrete. Il leninismo, p.es., non è la stessa cosa del marxismo, anzi si diceva ch'era "il marxismo nell'epoca dell'imperialismo". Evidentemente perché qualcosa era cambiato.

Se uno dice di rifarsi al socialismo o al materialismo, dovrebbe sempre specificare se gli piace di più quello riformistico o rivoluzionario, quello utopistico o scientifico, quello ateistico o agnostico, quello centralistico o federalistico o autogestito, e così via. Le prime forme di pensiero materialistico le abbiamo avute in Europa al tempo dei filosofi della natura, precedenti a Socrate. E non è affatto detto che l'uomo che chiamiamo con supponenza "primitivo" fosse una persona religiosa; anzi, non essendo un "alienato" come lo siamo oggi, è molto probabile che non lo fosse per niente.

A un'ideologia al massimo ci si può "ispirare", nella consapevolezza ch'essa è solo una "guida per l'azione", non un mantra da ripetere a memoria. La Krupskaja diceva del marito Lenin, già morto: "Non fate di lui un'icona". Persino chi s'ispira all'Antico o al Nuovo Testamento, non può non sapere che quei testi sono stati, nel tempo, modificati più volte, tanto che non si sa più che cosa veramente dicessero gli originali.

Ci si "ispira" senza legarsi le mani, nella convinzione che *solo la prassi è il criterio della verità*. Cioè è nel modo di affrontare le contraddizioni, soprattutto quelle di tipo antagonistico, che si può verificare chi abbia ragione o no.

Bisogna andare a cercare, nella storia, chi si è speso per migliorare qualitativamente le cose. E, nel fare questo, dobbiamo evitare di far coincidere, in maniera schematica, la sofferenza con la verità. Il martire, di per sé, non ha più ragioni del suo persecutore. Indubbiamente è vero che la violenza non dovrebbe mai esistere, ma neanche l'*istigazione* alla violenza, che spesso ritroviamo in quei soggetti che vogliono fare la parte della vittima.

La storia del genere umano, a partire dal momento in cui sono nate le prime civiltà schiavistiche, è una storia di abusi e di sopraffazione. Il compito che abbiamo davanti a noi è quello di valorizzare chi ha cercato di riportare le cose alla normalità. Per esempio ci ripetiamo a iosa che la libertà di parola è un diritto umano fondamentale, previsto da tutte le Costituzioni, ma è normale che i mezzi con cui esprimerla appartengano solo a poche persone?

In ogni caso Gorbaciov non è affatto contrario all'idea di *socialismo*. Semmai dovremmo dire che la *perestrojka* è stato il tentativo di superare i limiti del socialismo statale, senza voler ricadere in quelli del capitalismo.

Scrive nell'ultimo capitolo del suo libro: "il socialismo di cui hanno scritto molte tra le più brillanti menti dell'umanità... non si è realizzato da nessuna parte..." (p. 121). Cioè "sappiamo con cosa il socialismo è incompatibile, che cosa non deve tollerare" (ib.), ma non sappiamo come realizzarlo in maniera pienamente democratica.

Resta però fuor di dubbio - dice ancora questo straordinario personaggio - che "l'idea stessa del socialismo non ha perduto il suo significato, la sua attualità storica. Nella vita futura dell'umanità il suo ruolo è destinato inevitabilmente a crescere" (p. 122). Proprio perché "il bisogno di giustizia, di uguaglianza, libertà e democrazia, il bisogno di solidarietà non si sta affatto spegnendo, ma anzi si accresce" (ib.).

In queste parole sta la speranza, l'idealismo e il dramma di quest'uomo, cui certamente la storia non ha dato il tempo sufficiente per dimostrare tutta l'efficacia delle sue idee. Anche perché invece di proseguirle in maniera più decisa, i suoi oppositori han preferito fare molti passi indietro, senza rendersi conto che, inevitabilmente, i problemi di come democratizzare in maniera davvero concreta tutta la realtà sociale, prima o poi si ripresenteranno, e la storia chiederà conto del tempo che si è perduto.

Ancora più interessanti di queste parole sono però quelle che dice subito dopo. Secondo Gorbaciov non può esistere un unico modello di socialismo, come non esiste un unico modello di capitalismo: "il mondo contemporaneo non è dicotomico, è multiforme" (p. 124); "tutte le strutture sociali sono storiche, mobili, mutevoli..." (ib.).

E tuttavia egli non può esimersi dal dire su quali basi irrinunciabili dovrebbe edificarsi un qualunque socialismo democratico. Il primo punto è "l'efficienza della produzione, l'assicurazione di una base materiale indispensabile per uno sviluppo completo dell'uomo"; "il secondo è una distribuzione del prodotto nazionale che, senza minare l'efficienza della produzione, garantisca a tutti... un tenore di vita dignitoso" (p. 125).

Il metodo per ottenerlo non è quello di distruggere tutto per ricominciare da capo, ma quello di "studiare le tendenze già manifestatesi e le possibilità di attuazione dei valori del socialismo in un tempo reale e in una società reale" (ib.). In una parola, "niente utopie massimalistiche, ma coerente realismo e perseveranza" (ib.).

Fermiamoci per un momento qui. Che cosa vuol dire "efficienza della produzione"? In sé nulla. Anzi, se la si riferisce al capitalismo, bisogna dire ch'essa è molto sospetta, almeno per quanto riguarda le ricadute sull'ambiente.

Stando a quanto Gorbaciov ha detto in precedenza, occorre dire che questo punto andrebbe specificato meglio. Una qualunque "efficienza della produzione" che non tenga conto delle *esigenze riproduttive della natura* è pericolosa e andrebbe evitata accuratamente.

Gorbaciov sembra voglia conciliare il meglio del capitalismo col meglio del socialismo. E qual è l'aspetto avanzato del capitalismo che più lo affascina? È la *tecnologia*. Per "base materiale" che renda "efficiente" la produzione, egli intende qualcosa di scientifico e di tecnologico, qualcosa che il capitalismo ha saputo produrre meglio di qualunque altro sistema sociale.

Poi, siccome egli è un socialista, non può non associare a questa "efficienza" la necessità di un'equa distribuzione del reddito, in maniera tale da garantire a tutti un'esistenza dignitosa.

Sta cercando in sostanza di offrire un'intesa collaborativa tra efficienza tecnologica e giustizia sociale. E lo dice anche esplicitamente subito dopo, quando parla di socialismo e liberalismo, che lui non vede in antagonismo. "Il socialismo e il liberalismo hanno storicamente un'origine comune: le idee umanistiche dell'illuminismo" (p. 126). Individuo e collettivo devono integrarsi, non possono escludersi a vicenda. Il socialismo non ha fatto altro che dimostrare al liberalismo che senza l'apporto delle esigenze collettive, quelle dell'individuo singolo portano a contraddizioni insanabili.

Gorbaciov è l'uomo del compromesso, l'hegeliano che cerca di conciliare gli opposti, proprio perché non li vede come opposti, ma, alla maniera crociana, come due "distinti" che s'influenzano reciprocamente. Se uno esclude l'altro, si finisce nell'estremismo, sia nella forma dell'individualismo egoistico che in quella del collettivismo autoritario.

Sembra un discorso di *buon senso*, che chiunque, tra la gente comune, potrebbe tranquillamente accettare. Eppure c'è qualcosa che non convince. Non appare un *discorso di sistema*, ma *sovrastrutturale*. Gorbaciov sta semplicemente chiedendo a due ideologie di venirsi incontro, a due esigenze di compenetrarsi. Sta chiedendo ai fratelli Caino e Abele di attenuare le loro tendenze unilaterali, prospettando loro un futuro più sicuro, più pacifico, in cui entrambi avranno da guadagnarci.

Questa impostazione delle cose non va alla radice dei problemi. Non è con la "collaborazione" che si possono risolvere gli antagonismi sociali. Questa forma di filantropia o d'interclassismo non può essere sbandierata come un "nuovo pensiero", poiché nella storia abbiamo già visto che non funziona, e non una ma molte volte.

I nuovi valori di riferimento non possono essere soltanto la "sopravvivenza dell'umanità", la "vulnerabilità delle ideologie tradizionali", gli "interessi dell'uomo, indipendentemente dalla sua appartenenza nazionale, etnica, confessionale o dalla sua posizione sociale" (p. 127).

Tutte queste cose non possono bastare assolutamente per garantire una *socializzazione dei principali mezzi produttivi*, né una *produzione economica compatibile con la tutela ambientale*, e neppure un superamento del concetto di "istituzione" a vantaggio di un'*autogestione collettiva di tutti i bisogni della comunità*, e tanto meno la fine della democrazia rappresentativa, che va sostituita con quella *diretta*, per non parlare del superamento della dipendenza dal mercato, a vantaggio dell'*autoconsumo*.

Se non si punta su queste cose fondamentali, qualunque compromesso tra liberalismo e socialismo andrà a favore del liberalismo. E quando, per reagire alle storture del liberalismo, s'imporrà un socialismo autoritario, avremo a che fare non con un superamento del liberalismo, ma soltanto con una "variante di sistema".

Il problema infatti non è quello di conciliare due ideologie che, storicamente, han dato l'impressione di escludersi a vicenda, ma quello di come *uscire dal sistema*, cioè di come uscire dal concetto stesso di "civiltà", in cui quelle due ideologie si sono formate. Finché il socialismo non arriverà a capire che non ci si può limitare a fare delle semplici *critiche* al liberalismo e al capitalismo; finché non si capirà che quando si fanno rivoluzioni anti-capitalistiche non si può pensare di prendere del capitalismo quanto di meglio si può utilizzare nell'ambito del socialismo, non si uscirà mai dal sistema. Noi non abbiamo bisogno di "migliorie", bensì di soluzioni *radicali*.

È grave non capire che tutta la rivoluzione tecnico-scientifica compiuta in Occidente non solo è avvenuta in totale dispregio delle caratteristiche fondamentali della natura, ma anche per rispondere a interessi che di umano non avevano nulla. La tecnologia è sempre stata al servizio del profitto. Il fatto che abbia migliorato le condizioni di vita di milioni di persone va visto nel suo *insieme*. Infatti questo miglioramento è stato pagato sia dalla devastazione ambientale dell'intero pianeta (in cui risulta, in molte sue aree, del tutto irreversibile) che dallo sfruttamento disumano di gran parte dell'umanità.

Se le collettività fossero vissute in un *territorio circoscritto*, evitando di andare a occupare quelli altrui, sicuramente la tecnologia sarebbe stata di molto inferiore e la natura sarebbe stata molto più salvaguardata. E chi si fosse opposto alla *democrazia sociale* e alla *tutela ambientale*, forse sarebbe stato più facilmente emarginato. Di sicuro non si sarebbe potuta usare una politica estera aggressiva per risolvere i problemi della politica interna.

<h1 style="text-align:center">XV</h1>

Vogliamo davvero un "umanesimo globale", come dice Gorbaciov? Vogliamo davvero una "meta-ideologia", che permetta di trovare un linguaggio comune? Allora lasciamo che sia la *natura* a dirci come dobbiamo comportarci.

La natura non è matrigna (come dicevano Leopardi e Schopenhauer) ma (come diceva Pascoli) *benigna*. La natura ci offre tutto ciò di cui abbiamo bisogno, se sappiamo conoscerla e rispettarla. Il fatto che l'essere umano sia comparso sulla Terra solo nel momento in cui questa era in grado di ospitarlo, dovrebbe farci riflettere.

Qualunque sviluppo della tecnologia che impedisca alla natura di riprodursi agevolmente va guardato con sospetto. E, da questo punto di vista, non può certo bastare dire che il socialismo è migliore del capitalismo.

Se si pensa davvero - come vuole Gorbaciov - che "la civiltà contemporanea sia finita in un vicolo cieco" (p. 128), perché sta esaurendo le sue risorse di progresso, non basta l'aspirina, ci vuole l'antibiotico, anzi forse ci vuole un'amputazione o un trapianto. Se andiamo avanti così, la Terra è finita anche senza nessun conflitto nucleare tra capitalismo e socialismo. Sarà l'impossibilità di sopravvivere in una catastrofe ambientale che ci porterà all'autodistruzione. Sono le idee stesse di "progresso", "benessere", "comodità"... che vanno profondamente ripensate.

Tuttavia Gorbaciov queste cose mostra di saperle benissimo. Il che è abbastanza paradossale. Leggiamo questo suo pensiero molto illuminante: "Le radici dell'attuale stato di crisi del mondo civile affondano nell'errata concezione del rapporto fra l'uomo e il resto della natura che risale all'epoca del Rinascimento. Si è rivelato profondamente sbagliato il postulato, a cui siamo rimasti fedeli tanto a lungo, secondo cui l'uomo era il sovrano della natura" (p. 129). E più avanti: "viene ignorata la necessità di rinunciare al modello tecnocentrico di progresso e di passare a un modello nuovo, antropocentrico, umanistico" (ib.).

Cerchiamo allora di capirci. Che senso ha considerare il capitalismo più efficiente (tecnologicamente) del socialismo? Non dovremmo forse ripensare il concetto stesso di "efficienza"? Perché non la smettiamo di usare le contraddizioni più macroscopiche del pianeta per indurre il capitalismo a umanizzarsi? Anche se lo facesse, cambierebbe forse qualcosa di significativo per la natura? Perché non avere il coraggio di dire che né il liberalismo né il socialismo sono stati in grado di capire che l'unico periodo storico in cui l'uomo ha vissuto in maniera equilibrata il proprio rapporto con la natura è stato quello *preistorico* del comunismo primitivo? Se si avesse il coraggio di dire questo, non si potrebbe non rimettere in discussione tutti i fondamenti della civiltà che stiamo vivendo, a prescindere dalla diversità delle sue forme contingenti.

Per capire come funziona la natura basta osservare come la utilizzano le ultime popolazioni primitive del pianeta. Ma dobbiamo fare in fretta, perché la nostra civiltà avanza inesorabilmente e, come un mostruoso Blob, le sta inghiottendo una dopo l'altra.

E pensare che basterebbe guardare come si sviluppa il feto nel ventre della madre. La sua gestazione è una semplificazione simbolica dell'intero destino dell'umanità. Il feto si muove in un ambiente che gli è dato e da cui non può prescindere. Solo quando lo avverte troppo stretto, si mette in posizione cefalica per uscirne. Noi siamo destinati a uscire anche dal nostro pianeta, ma, per farlo in maniera naturale, abbiamo il dovere di rispettarlo nella sua interezza. Siamo figli dell'universo, non semplicemente della Terra, e abbiamo il compito di popolarlo, ma dobbiamo imparare sul nostro pianeta come farlo nel migliore dei modi.

È la natura che stabilisce i limiti entro cui ci si può muovere. Se in questi ultimi 6000 anni avessimo rispettato profondamente la natura, anche i rapporti umani sarebbero stati naturali. E noi non leggeremmo le parole di profondo sconforto di un uomo che sa di non poter essere sempre un ottimista ad oltranza: "Le radici della crisi della civiltà contemporanea stanno nella sua profonda frattura con gli interessi più autentici dell'uomo e dell'umanità" (p. 131). Ha voluto scriverlo tutto in corsivo, ma andrebbe scritto a caratteri cubitali. Questo per dire che siamo in presenza del passaggio verso una *nuova civiltà*.

E una nuova civiltà può basarsi soltanto su un *ritorno alla terra*. Lo *Zarathustra* di Nietzsche parlava di "fedeltà alla terra", in senso ateistico, senza specificare altra modalità. Qui invece si potrebbe aggiungere che la modalità è quella della *gestione collettiva dei bisogni e delle risorse*, per la quale non esiste una divisione del lavoro imposta da circostanze indipendenti dalla propria volontà; dove quindi il soggetto ha capacità onnilaterali, a 360 gradi, volendo impegnarsi in qualunque cosa gli aggrada, e purtuttavia sente di non poter fare a meno della comunità d'appartenenza.

Il marxismo ha compiuto un colossale errore interpretativo quando ha sostenuto che il passaggio dal comunismo primitivo allo schiavismo era "necessario", cioè che l'individuo doveva recidere il cordone ombelicale che lo legava alla tribù, per potersi sentire davvero libero e indipendente e per poter affrontare le risorse naturali senza alcun timore reverenziale. Marx ereditò un'interpretazione hegeliana della storia, senza rendersi conto che, così facendo, poneva le basi per un'edificazione "borghese" del socialismo.

Il futuro che ci attende, se davvero vogliamo costruire una "nuova civiltà", è il ritorno all'*epoca primitiva*, ma con una consapevolezza infinitamente superiore di tutti i rischi e i pericoli cui si può andare incontro opponendo l'individuo al collettivo, l'egocentrismo alla democrazia. E bisogna fare attenzione che quando si parla di comunismo primitivo non s'intendono affatto quelle forme antidiluviane di "socialismo statalizzato", che ritroviamo nell'antico Egitto, in Cina, in India, nelle civiltà precolombiane, dove effettivamente la proprietà della terra era statalizzata, ma dove il monarca, considerato un semi-dio, esercitava una sovranità assoluta e tutta la popolazione era soltanto uno strumento nelle mani del potere, il quale la obbligava a costruire edifici imponenti, a lavorare secondo criteri prestabiliti e indiscutibili, a reprimere tutte le forme di dissenso, a considerare la donna un essere inferiore e a muovere guerre contro le popolazioni limitrofe. Questo schiavismo di stato era soltanto una parodia del socialismo, come lo è stato quello stalinista e quello maoista.

Il vero socialismo può essere soltanto *locale* e *autogestito*, di *piccole comunità*, proprietarie di tutte le risorse che le permettono di riprodursi, compatibilmente alle esigenze della natura.

Qualcuno dirà che a questo tipo di civiltà non è più possibile tornare, in quanto abbiamo modificato le cose in maniera irreversibile. A costoro bisogna rispondere che se le cose stanno così, allora per l'umanità non c'è alcun futuro. E comunque chi non ha intenzione di seguire questo percorso, non dovrebbe impedire ad altri di farlo. Se in previsione del diluvio, vogliamo costruire la nostra arca, non possiamo lasciarci intimorire o distrarre da chi rallenta i lavori e ci molesta: anzi, per proteggerci, dobbiamo, come Noè, porre leoni e altri animali selvaggi all'ingresso dell'imbarcazione.

Sul fatto che la civiltà futura dovrà avere una caratteristica *locale* e *autogestita*, non significa che non sarà *globale*. Noi oggi abbiamo in mente un concetto di "globalismo" che altro non è se non una forma di "imperialismo". Cioè al mondo esistono determinati Stati che vogliono avere una posizione di dominio, soprattutto in senso economico o finanziario, su tutti gli altri. Chi comanda vuole imporre il proprio stile di vita, basato sugli scambi internazionali di merci, servizi, capitali... Il globalismo è un modello di mercato capitalistico, per il quale una qualunque realtà territoriale ha senso nella misura in cui viene integrata in questo modello, cioè se accetta d'essere funzionale a un *modus vivendi* imposto dall'esterno.

Affrontando le cose in questi termini non si è molto lontani da quella diatriba medievale tra cattolici e ortodossi sulla parola "cattolico". Anche gli ortodossi, ancora oggi, si considerano "cattolici", ma in maniera completamente diversa dai cattolici-romani. Infatti per un ortodosso la "cattolicità" è data dal fatto che vi è "chiesa" là dove viene amministrato il sacramento dell'*eucarestia*, cioè là dove vi è una *chiesa locale* con un presbitero o un vescovo legittimo, gerarchicamente riconosciuto. Per un ortodosso "cattolicità" vuol dire contemporaneamente *locale* e *universale*, cioè l'universalità non è data dal fatto che tutte le chiese locali si riconoscono sotto un'unica autorità centrale, come può essere appunto il pontefice. Se esiste un'autorità superiore a tutte le altre, allora non esiste più democrazia ma monarchia o aristocrazia. Questo vuol dire spezzare la comunione, la collegialità.

Ma allora - si potrebbe obiettare agli ortodossi - chi garantisce l'universalità a ogni chiesa locale? Loro rispondono che nulla e nessuno la può garantire. Nel senso cioè che se esiste *vera comunione*, questa è in grado di garantire ovunque se stessa. Per loro, al massimo, è lo "spirito santo" che garantisce qualcosa.

Questo mi è sempre parso un discorso, pur coi suoi evidenti limiti religiosi, altamente democratico, che dovremmo applicare a qualunque *valore umano*. Se ci pensiamo, infatti, nessun valore umano, per potersi affermare, avrebbe bisogno di un supporto esterno. La pace basta a se stessa, e così la libertà, la giustizia, l'amore... Se questi valori ci sono, le istituzioni non servono, e se non ci sono, le istituzioni non sono in grado di crearli o di garantirli. Come non è l'idea d'indissolubilità che garantisce l'amore nel matrimonio. L'istituzione potremmo addirittura considerarla un disvalore per definizione, poiché implica la pratica della *delega*, che è una forma di deresponsabilizzazione, a meno che la delega non venga esercitata in maniera molto temporanea e per un problema specifico da risolvere.

Se il discorso della democrazia l'avevano capito dei credenti, che in genere sono così ossequiosi nei confronti delle autorità stabilite, non si capisce perché non dovrebbero accettarlo dei laici. Il globalismo della futura civiltà sarà dato dal fatto che se ogni comunità locale vive la democrazia, saprà interfacciarsi molto tranquillamente con altre comunità, senza timore d'essere fagocitata o di perdere la propria identità.

Ricordo che quando da giovane studiavo la guerra del Vietnam e mi chiedevo cosa avremmo potuto fare per aiutare i vietnamiti, la risposta più intelligente che mi si diceva era questa: "Cercate di vivere sino in fondo la democrazia nel vostro paese. È questo il modo migliore per aiutarci".

Noi oggi diamo per scontato che la dimensione planetaria, coi mezzi di trasporto e di comunicazione che abbiamo, sia quella più confacente al nostro modo di esistere. Anzi, abbiamo preso a esplorare anche ciò che sta al di fuori del nostro pianeta, come se questo avesse per noi dei limiti non più sopportabili. Non riusciamo a vivere in maniera umana e naturale nell'ambiente che ci è dato da vivere, e abbiamo la pretesa di poterlo fare in ambienti del tutto inospitali e privi di risorse fondamentali per la nostra esistenza.

Vogliamo strafare, quando col nostro concetto di "globalismo" non solo non siamo riusciti a risolvere neppure uno dei grandi problemi dell'umanità (fame, sete, malattie, analfabetismo, sfruttamento del lavoro o del corpo altrui...), ma addirittura ne abbiamo creati di nuovi (estinzione delle specie animali a causa della loro caccia spietata, riduzione della biodiversità in forza delle esigenze di profitto, surriscaldamento del clima a causa dell'uso degli idrocarburi, indebitamento internazionale dovuto al sottosviluppo degli Stati soggetti alla dipendenza dall'Occidente, consumo spropositato delle risorse non rinnovabili, inquinamento irreversibile dell'ambiente dovuto al fatto che usiamo materiali non riciclabili dalla natura, progressiva desertificazione dovuta a massicci disboscamenti, ecc.). Gli esperti sono convinti che nel 2050, andando avanti con questi ritmi di sfruttamento, ci vorranno almeno tre pianeti.

San Paolo diceva che tutta la creazione soffre le doglie del parto, cioè che siamo destinati a uscire dal ventre della Terra, ma, procedendo di questo passo, non ci sarà alcun parto naturale: avremo bisogno di un taglio cesareo, perché non sapremo più in che posizione metterci.

Noi non ci rendiamo conto che è la natura a dover decidere cos'è *naturale*. Noi facciamo parte di un ambiente che ci è *dato*. Non possiamo essere noi a deciderlo, se non appunto accettando di conformarci a qualcosa che ci precede nel tempo. Questo significa che è del tutto insensato pensare di poter ottenere qualcosa di naturale usando tecnologie molto sofisticate, che la natura non produce e non è in grado di produrre o non ha ritenuto utile produrre nei miliardi di anni che ha impiegato per formarsi sulla Terra.

Qualunque complessità noi si voglia realizzare, deve stare entro i limiti che la natura impone su questo pianeta. Chi non capisce i limiti entro cui ci si deve muovere, va considerato un soggetto pericoloso, da ridimensionare in tempi brevi. Parlare di pannelli solari o di pale eoliche quando, giunto il momento del loro inevitabile invecchiamento, non sapremo come smaltirli in maniera naturale, significa fare dell'ecologia una nuova religione, cioè una forma illusoria dell'esistenza. Prima di avventurarci in qualunque cosa di artificiale dovremmo porci una domanda semplice ma fondamentale, la cui risposta non possiamo dare per scontata: "Che cos'è naturale?".

Conclusione

L'ultima parte di questo libro, la più operativa, è quella che aspira a rispondere alla fatidica domanda di un libro del giovane Lenin: *Che fare?*, che poi l'aveva ripresa da un romanzo di uno dei suoi scrittori preferiti: Černyševskij. Noi però non vogliamo fare "romanzi", né abbiamo l'energia e la capacità del più grande leader politico di tutti tempi.

Tutte le volte che qualcuno, fosse un Corso o un Polacco, chiedeva a Rousseau una proposta esaustiva su come modificare l'assetto costituzionale del proprio paese, questi rispondeva che al massimo poteva dare dei suggerimenti, non essendo appunto né un Corso né un Polacco.

E si fa presto a trovare dei suggerimenti. Basta per esempio leggersi "L'incontro", un periodico di Torino, fondato nel 1949 dall'avvocato Bruno Segre contro l'intolleranza religiosa e il razzismo. Prendiamone due articoli a caso, per me emblematici, che ci fanno capire benissimo come rispondere alla cruciale domanda del "che fare": uno è dedicato al popolo Inuit, l'altro al popolo Yanomami. Sono entrambi degli anni Novanta, ma non è importante sapere esattamente quando sono stati scritti. Avrebbero potuto esserlo cinquecento anni fa, poiché in essi vi è una tendenza di lunghissima durata, una tendenza così forte e insistente che tra un po' non avrà più senso riscriverli. Questo perché è proprio all'altra domanda, quella con cui avevamo terminato il libro, che non siamo più in grado di rispondere: "Che cos'è naturale?".

Questi due popoli stanno morendo, in un modo o nell'altro, e noi occidentali non abbiamo alcuna possibilità d'impedirlo, non solo perché siamo noi stessi gli assassini, ma anche perché noi non siamo nelle condizioni di rispondere alla domanda sul "che fare", per risolvere i nostri problemi di fondo, e non siamo in grado di farlo perché stiamo ammazzando le ultime popolazioni del pianeta in grado di rispondere all'altra domanda: "Che cos'è naturale?".

Gli Yanomami abitano nelle foreste pluviali e sui monti al confine tra il Brasile settentrionale e il Venezuela meridionale. Sono migrati dall'Asia al Nordamerica attraverso lo Stretto di Bering circa 15.000 anni fa, procedendo poi verso sud. È difficile dire in quanti siano rimasti, perché è un popolo isolato[15]: si pensa da 27.000 a 32.000, in un territorio di circa 17 milioni di ettari. Sono una delle ultime popolazioni indigene del

---

[15] Sono isolati anche dalle classificazioni antropologiche, in quanto le loro lingue non rientrano in alcun ceppo identificato.

Brasile. La loro religione è animistica, quella secondo cui anche una pietra ha la sua sensibilità.

I primi contatti con loro si sono avuti verso la metà del Novecento, quando il governo brasiliano volle delimitare la frontiera col Venezuela. Subito dopo s'insediarono i "missionari", che favorirono le prime epidemie di morbillo e di varie influenze, provocando la morte di molti indigeni.

Nei primi anni '70 il governo militare brasiliano decise di costruire una strada attraverso l'Amazzonia (la *Perimetral Norte*), lungo il confine settentrionale, che aprì il cammino alle imprese minerarie. Le ruspe e le malattie (morbillo, influenza, tubercolosi, malaria e malattie veneree) spazzarono via due interi villaggi.

L'invasione delle loro terre su grande scala si è intensificata alla fine degli anni Ottanta con la corsa all'oro in Amazzonia. Quarantamila cercatori d'oro (*garimpeiros*) hanno preso a lavorare illegalmente nella loro terra, hanno costruito centinaia di piste di atterraggio, installato accampamenti nella foresta e draghe per l'estrazione dell'oro dai fiumi (ma cercano anche diamanti). Questi moderni "conquistadores", che hanno trasmesso malattie mortali come la malaria e inquinato i fiumi e le foreste col mercurio (e lo fanno ancora oggi), sono soltanto l'anello finale di intermediari a vario titolo, finanziatori, proprietari dei macchinari, piloti di aerotaxi, commercianti e contrabbandieri.

Gli allevatori di bestiame (*fazendeiros*) stanno invece invadendo e deforestando la striscia orientale del loro territorio in Brasile. Il congresso brasiliano è persino intenzionato a integrarli del tutto (cioè a eliminarli come "popolo") per sfruttare le loro risorse minerarie (tra cui l'uranio e la cassiterite[16]). Sarà un genocidio, anzi lo è già adesso.

Cosa che si sta ripetendo con gli Inuit (un tempo chiamati Eschimesi), che hanno cominciato a soffrire della nostra "civiltà" sin da quando i Russi han preso a colonizzare la Siberia nel XVI secolo. Anche qui

---

[16] La cassiterite è considerata un "minerale di conflitto" (come la wolframite, la columbite-tantalite, detta *coltan*, e naturalmente l'oro), perché ovunque si trovi (p.es. Ruanda, Congo, Bolivia) genera sempre aspre contese tra noi occidentali che la vogliamo a tutti i costi e ai prezzi più bassi e "loro" che ce l'hanno e che vorrebbero venderla al suo valore effettivo. Infatti viene usata per l'estrazione dello stagno e quindi per produrre il bronzo ed altre leghe speciali, e quindi per fare le saldature (soprattutto quelle sui circuiti di apparecchiature digitali: portatili, smartphone, consolle di gioco e lettori mp3), ma la si trova anche nelle lattine delle bibite ed è molto usata nell'industria aeronautica. In Italia vi è soltanto un piccolo giacimento a Monte Valerio, nel distretto minerario di Firenze, di origine etrusca.

si vogliono sfruttare i giacimenti di minerali preziosi, ma soprattutto gli idrocarburi.

Forse gli Yanomami hanno sangue Inuit nelle vene, perché questi hanno iniziato a vivere nell'estremo Nord asiatico 30-35.000 anni fa, attraversando poi molto tranquillamente lo Stretto di Bering, che quella volta collegava l'Asia all'America.

Nel 1990 Gorbaciov e Bush padre approvarono la proposta per la creazione di un parco internazionale chiamato "Beringia", al fine di preservarne la flora e la fauna e di stabilire una zona eco-turistica con pochi investimenti e un regime di permessi libero per tutti i residenti in Alaska e in Čukotka. Ma si tratta di una goccia riparatrice in mezzo a un oceano di soprusi.

Il destino degli Inuit, come quello di altri popoli circumpolari, è segnato. L'Artico sembra essere entrato improvvisamente nella storia, poiché il ghiaccio dei mari che si sta sciogliendo per il surriscaldamento climatico, sta facendo fare dell'oceano glaciale un mare Mediterraneo, invogliando la Russia e l'Occidente a sfruttarne le immense ricchezze petrolifere e minerarie.

Dagli occidentali gli Inuit hanno ricevuto l'evangelizzazione, l'alfabetizzazione, l'assistenza sanitaria, l'amministrazione, il commercio, lo sfruttamento delle risorse di petrolio, gas, oro, zinco, piombo, uranio, energia elettrica, la difesa strategica con le basi militari in Canada e in Groenlandia. È in cambio cos'hanno ottenuto? La sedentarizzazione forzata in centri urbani, che li esclude dalle loro tradizionali occupazioni, quindi sono spesso senza lavoro, dediti al vagabondaggio, all'alcolismo e alla tossicodipendenza, alla prostituzione, alle depressioni e ai suicidi... Stando al censimento del 2002 gli Eskimo siberiani, allontanati forzatamente dalle coste del Bering, erano rimasti soltanto 1798 individui.

Tutti noi ricordiamo quando abbiamo imposto il divieto di commercializzare le pelli delle foche, essendo ritenuta crudele la loro morte; eppure questi animali erano tutto per gli Inuit: cibo, vestiti, grasso per riscaldarsi d'inverno, pelli per i kayak. Non potendo più cacciare, gli Inuit andavano a ritirare il sussidio e si ubriacavano.

Ma cosa c'entrano Inuit e Yanomami con la nostra situazione nazionale? Basterebbero due ragioni per capirlo:

1. Nel nostro pianeta dobbiamo imparare a sentirci responsabili di ciò che avviene in qualunque sua parte. I confini si sono ristretti. Abbiamo una coscienza così vasta che la Terra è come un grande condominio, dove alle riunioni assembleari ci si conosce tutti e sui problemi comuni ognuno può esprimersi e, insieme agli altri, prendere delle decisioni.

2. L'Italia non è solo situata geograficamente in una determinata area del pianeta; non è solo un membro dell'Unione Europea o delle Nazioni Unite o della Nato e di molti altri organismi internazionali; è anche un paese che da tempo ha abbracciato una precisa ideologia sociale: quella *capitalistica*, ed è quindi responsabile, in rapporto alla propria forza, della devastazione ambientale del pianeta e della perdita dei valori umani. In questo momento non c'è cosa che faccia - fossero anche degli interventi assistenziali o delle missioni di pace - che non rischi d'essere viziata in partenza o di svolgersi in maniera opposta alle intenzioni originarie.

Ecco perché dobbiamo radicalmente uscire da questa *corresponsabilità al negativo*. Possiamo farlo in maniera progressiva, senza traumatiche rotture, ma dobbiamo farlo con decisione, nella consapevolezza che non vi sono alternative. Certo, a molti potrà sembrare una battaglia donchisciottesca, che esagera la gravità della situazione o, al contrario, che non potrà impedire l'autodistruzione dell'umanità. Ma il problema è proprio questo, come far sì che s'inverta una tendenza che pare irreversibile, e soprattutto, nell'eventualità che avvenga davvero una catastrofe epocale, come porre le basi perché ciò non abbia a ripetersi, su questa Terra o su altri pianeti. Abbiamo bisogno di una *vera rinascita*.

Tutte le rivoluzioni politiche sono fallite, ma è comunque stato un bene compierle, perché dai loro errori abbiamo capito come agire per un futuro davvero democratico e ambientalista. Forse però gli errori non bastano, perché se ci limitiamo a capire la gravità di ciò che facciamo, ci vorrà un tempo lunghissimo prima di trovare la giusta strada da percorrere. Ecco perché abbiamo parlato di Inuit e di Yanomami. Quelli sono soltanto due esempi di come dovremmo vivere. Per loro le difficoltà più grandi da superare non sono tanto il freddo polare o le insidie della foresta, quanto piuttosto le pretese di noi "accaparratori". Per noi invece le difficoltà maggiori siamo *noi stessi*.

Siamo come balene spiaggiate, senza più capacità di orientamento: ci dimeniamo inutilmente, senza spostarci di un millimetro dalle secche in cui siamo finiti. Quelli del Titanic morirono per un imprevisto; quelli di Chernobyl per un incidente che si sarebbe anche potuto prevedere. Noi invece sappiamo benissimo che arriverà il diluvio e dovremmo sentirci in dovere, come Noè, di attrezzarci in tempo, soprassedendo a tutte le possibili derisioni nei nostri confronti. Abbiamo il compito di *uscire dal sistema*.

Non possiamo metterci nella condizione di quei mezzadri che, non avendo saputo espropriare i nobili di tutte le loro terre, decisero di abbandonare le campagne e di trasformarsi in operai industrializzati. Non possiamo farlo proprio perché dobbiamo uscire da una condizione che è stata creata dall'industria. Cioè non tanto da un certo modo di fare industria, quanto piuttosto dall'*industria in sé*, sia essa gestita dal capitale o dallo Stato.

Questo vuol dire che non possiamo fare come i socialisti utopisti dell'Ottocento, che a una gestione "borghese" dell'industria ne opponevano una "anti-borghese". Questo non basta più: è la natura che ce lo dice. E non possiamo neanche pensare di trasferirci geograficamente in terre vergini. Tutto è già stato contaminato; il virus ce lo portiamo dentro; dobbiamo costruire un'alternativa con le ultime difese immunitarie che ci restano. Quindi *lì dove siamo*, con i compagni di lotta che le circostanze ci danno. Dobbiamo soltanto pensare a come abbattere non uno ma due Leviatani: lo *Stato* e il *Mercato*. E, per farlo, le armi che abbiamo a disposizione sono soltanto due: *Democrazia diretta* e *Autoconsumo*, quelle che appunto avevano gli Inuit e gli Yanomami.

Usi la plastica? Scegli il vetro e lava bene le bottiglie.

Preferisci il sintetico al naturale? Chiediti se davvero lo faresti, potendo scegliere.

Guidi la macchina? Usa la bicicletta: è più sana ed ecologica. Se proprio non puoi, usa i mezzi pubblici. Prendi esempio dai ferraresi: la loro percentuale di utilizzo della bicicletta è superiore a quella di qualunque città olandese e danese, che pur sono i primi in Europa. Tutte le volte che vedi esempi del genere non star lì a chiederti: "Perché loro sì e noi no?". Non dar la colpa al tuo Comune se non ti favorisce con le piste ciclabili. Pretendile! Organizza un incontro al tuo Consiglio di quartiere, poi fanne un altro con più Consigli e vedrai che alla fine ce la farai, perché a nessun partito piace perdere le elezioni.

Ricordi cosa disse Kennedy a proposito del dovere? "Non pensare a cosa la tua nazione può fare per te, pensa a cosa tu puoi fare per la tua nazione". Una frase che, detta da lui, ch'era presidente degli Stati Uniti, non aveva alcun senso, in quanto lo faceva apparire come un sovrano coi propri sudditi. Ma io te la dico da uomo qualunque e tu la devi ascoltare da cittadino che vuole davvero cambiare le cose. Non ti chiedo di cambiarle per essere eccentrico o controcorrente o per crearti una nuova religione, ma perché l'obiettivo finale è davvero quello di *cambiare il mondo*, riportandolo allo stato originario. L'abbiamo già distrutto abbastanza. Gli uomini primitivi, ma anche gli Inuit e gli Yanomami, che esistono ancora e che non si sentono affatto dei "primitivi", non mettevano mai in dubbio di dover lasciare le cose in maniera tale che solo minimamente ci si sarebbe potuti accorgere della loro presenza. Noi oggi invece pensiamo che una civiltà sia tanto più importante, quanti più monumenti ci ha lasciato. Verrebbe quasi voglia di spaccar tutto come quelli dell'Isis, se, facendolo, non si rischiasse di fare della propria ideologia un nuovo monumento.

Si può anche partire dalle cose piccole, semplici. Per esempio perché usi l'orologio con la batteria? Non lo sai che è molto inquinante, non riciclabile, non ricaricabile (almeno non all'infinito, poiché nessuna lo è). Vuoi essere moderno? Usa l'orologio a carica automatica, quello che "sente" i battiti del cuore. Ricorda però che se stai troppo in casa, perché magari sei malato o in ferie o in pensione, lui s'accorge che il tuo cuore non batte più come prima e comincia a scantonare, a perdere di precisione. Sicché l'unico modo di ricaricarlo è fare attività sportiva. Per te lo sport è molto faticoso? E allora usa l'orologio a carica manuale, come quelli di una volta. Non li fanno più? È vero, perché "loro" vogliono vendere: non vogliono che le cose durino in eterno.[17] E allora fai una petizione, anzi una "class action", come si dice oggi. Mettici dentro un bell'imperativo categorico kantiano valido per qualunque oggetto industriale: "Non acquisteremo più nulla la cui manutenzione obblighi a un rapporto di dipendenza, a meno che non si sappia con certezza che la dipendenza è reciproca". Vedrai che si spaventeranno. Succede come quando qualche ministro della pubblica istruzione vuol fare una riforma generale della scuola, che comporta inevitabilmente dei tagli o sul personale o sulle strutture: è sufficiente che i docenti minaccino di non adottare i libri di testo (quelli cartacei, danneggiando pesantemente gli editori) che subito il governo si tira indietro. Ci possono essere le motivazioni più profonde del mondo, per volere o non volere una cosa, ma alla fine, in questo mondo, è l'interesse che decide.

Non sei in grado di garantire una reciproca dipendenza tra te che compri e lui che vende? Allora fa in modo di conoscere esattamente come riparare ciò che ti si guasta. "Fai da te" è un motto che dovresti leggere tutte le volte che, p. es., accendi un computer. Hai comprato un hard disk esterno per il backup di tutti i tuoi documenti? Se non l'hai fatto e perdi tutto, sei un incosciente. Hai chiesto al tuo rivenditore un disco di ripristino del sistema operativo, in maniera tale che, in caso di estrema necessità, tutto ritorni allo stato originario? Se non l'hai fatto, sei un irre-

---

[17] Guarda l'evoluzione degli elettrodomestici: hanno aumentato la loro sicurezza, la loro funzionalità, tanto che ci vogliono dei manuali per capirli a fondo; hanno migliorato anche l'estetica, la praticità, la versatilità, persino il risparmio energetico. Hanno aumentato e migliorato tutto, meno una cosa: la durata! Oggi un qualunque elettrodomestico se dura una decina d'anni, possiamo considerarci fortunati. Una volta si parlava di trent'anni e si diceva che quelli tedeschi erano i più resistenti.

sponsabile e di te non ci si può fidare.

Non stare a guardare che le cose io le dico e non le faccio. Prendile in sé: le ritieni giuste? E allora falle! Poi sarai tu a dirmi: "Cerca d'essere più coerente". E io, vedendo te che lo sei, mi sforzerò d'imitarti, mi sentirò più incentivato a farlo. Perché se c'è una cosa che dovrebbe funzionare in maniera naturale, se non venisse impedita da mille cose artificiali, è che l'*esempio* è sempre migliore sia della predica che della coercizione.

Segui l'esempio di quelli che preferiscono il biologico ed evita di sottostare alle pressioni di chi vuole importi il chimico. Ti piace la frutta con la pelle lucida e senza imperfezioni? È piena di veleno! Soprattutto perché glielo danno *dopo* averla raccolta. Non farti ingannare dalla strega cattiva come Biancaneve. Diserbanti, defolianti, antiparassitari, anticrittogamici... procurano solo tumori all'apparato digerente. Chiedi che vengano sostituiti con la lotta integrata, quella degli insetti carnivori che mangiano quelli erbivori dannosi. Oppure iscriviti a un Gruppo d'Acquisto Solidale: loro premiano gli agricoltori virtuosi, e questi lo sono proprio perché sanno di poter contare su acquisti regolari, periodici. L'autoconsumo funziona a meraviglia quando chi produce sa di quanto ha bisogno chi consuma. Non c'è bisogno di fare pianificazioni statalizzate e di sicuro non ci saranno mai crisi di sovrapproduzione. E i famosi acquisti a chilometro zero avranno trovato piena realizzazione.

Devi dire basta all'industria, fosse anche quella che produce penne a sfera. Costa poco una Bic? Sbagliato: costa moltissimo. Infatti quando sarà finita, non potrà essere ricaricata; dovrà essere bruciata, e questo inquinerà l'aria che andrai a respirare. E non star lì a comprare una Parker, le costose penne a sfera che possono permettersi tanti refill per ricaricarsi. Uno solo costa come dieci Bic. Torna quindi alla penna stilografica e comprati le boccette d'inchiostro nero, come una volta. Per ricaricare la cartuccia basta una siringa.

Cerca d'essere il più possibile autosufficiente. Ricorda che persino il pane può essere fatto in casa: basta un po' di "pasta madre", di farina, acqua e, se vuoi, due gocce d'olio extravergine. Diventa una soddisfazione personale poter mangiare cose genuine fatte per conto proprio. E ricordati di fare un piccolo orto sul tuo balcone, se non ti puoi permettere un pezzo di terra. Che poi di terra abbandonata ce n'è così tanta che in affitto non te la nega nessuno. Semmai devi farti insegnare da qualcuno come lavorarla.

Insomma rifiuta le comodità o comunque chiediti sempre se il prezzo che hanno da pagare è davvero inferiore ai loro vantaggi. E rifiuta anche, per principio, tutte le cose reclamizzate, perché sicuramente costano di più.

Pensi che sia davvero così indispensabile parlare col tuo cellulare o col tuo computer al mondo intero, quando di fatto non riesci neppure a risolvere i problemi del tuo condominio? Cerca d'impostare delle *relazioni umane* col tuo vicinato.

Chiediti sempre che senso abbia esplorare l'universo quando sul nostro pianeta non riusciamo a risolvere neanche uno dei suoi giganteschi problemi.

Chiediti sempre se la sicurezza aumenta sapendo che si è tutti armati o disarmati.

Qualcuno t'impedisce di realizzare la democrazia diretta e l'autoconsumo? Organizzati in modo di avere il massimo consenso possibile; cerca di essere disposto a qualunque sacrificio in vista della *rivoluzione* che devi compiere.

Sarà una rivoluzione *violenta*? Non dipende da te, ma da chi ti attaccherà, e se tu non saprai difenderti, la rivoluzione fallirà sicuramente e le conseguenze saranno catastrofiche, perché chi è abituato a gestire il potere, non sopporta di perderlo e quando si sente minacciato, reagisce in maniera scomposta, rischiando di compiere qualunque cosa.

Noi non possiamo mettere la Terra nelle condizioni di considerare l'uomo il suo peggior nemico. Indubbiamente la strada che abbiamo imboccato 6000 anni fa, con la nascita delle civiltà schiavistiche, ci sta facendo fare la fine di quei mammut che gli uomini primitivi spingevano verso i precipizi. Ma noi non siamo animali: siamo esseri umani, destinati all'*eternità*. Dobbiamo fare in modo che questa eternità non sia una disgrazia ma una fortuna.

Possiamo anche scomparire da questo pianeta, ma non possiamo farlo senza sapere esattamente cosa significa *essere naturali*. Ormai non è più solo il pianeta che ci sta mettendo con le spalle al muro, esigendo da noi di non tergiversare sulla necessità di prendere delle decisioni responsabili. È l'intero universo, con le sue leggi assolutamente necessarie, che si sta chiedendo se davvero meritiamo di popolarlo.

Scommetto che ora stai pensando che queste frasi son solo delle provocazioni, delle goliardate che lasciano il tempo che trovano. In realtà io volevo farti solo degli esempi banali; se davvero mi fossi messo dalla parte degli Inuit o degli Yanomami avrei come minimo dovuto chiederti: "Sei proprio sicuro che lettura e scrittura servano a qualcosa? Hai mai sentito parlare di *trasmissione orale della conoscenza*?".

Sto parlando di "decrescita felice" come Maurizio Pallante? Forse sì, anche se tale progetto è ancora minimalista. È tuttavia una cosa seria, poiché ci permette d'essere coerenti nelle piccole cose. Non ha senso aspettarsi che le soluzioni ai nostri problemi calino dall'alto: ognuno le deve cercare per conto proprio e associandosi ad altri che, nelle cose di fondo, la pensano come lui. Solo quando queste associazioni saranno corpose e i problemi da risolvere di una certa gravità, si potrà pensare di proporsi pubblicamente.

Prima di fare proposte, bisogna dare il buon esempio, in rapporto ovviamente a quanto permettano le contraddizioni del sistema. Per come siamo messi oggi è difficile prescindere dalla *longue durée* teorizzata da Braudel. Chi ha fretta di risolvere i problemi e vuole calare dall'alto le sue soluzioni - come ha fatto Gorbaciov -, può essere anche la persona più intelligente e democratica di questo mondo: non riuscirà nel suo intento, né usando la sola ragione, né usandola insieme alla forza.

Bibliografia su Amazon

- Cinico Engels. Oltre l'Anti-Dühring
- Amo Giovanni. Il vangelo ritrovato
- Pescatori di uomini. Le mistificazioni nel vangelo di Marco
- Contro Luca. Moralismo e opportunismo nel terzo vangelo
- Arte da amare
- Letterati italiani
- Letterati stranieri
- Pagine di letteratura
- L'impossibile Nietzsche
- In principio era il due
- Da Cartesio a Rousseau
- Le teorie economiche di Giuseppe Mazzini
- Rousseau e l'arcantropia
- Esegeti di Marx
- Maledetto capitale
- Marx economista
- Il meglio di Marx
- Io, Gorbaciov e la Cina (pubblicato dalla Diderotiana)
- Il grande Lenin
- Società ecologica e democrazia diretta
- Stato di diritto e ideologia della violenza
- Democrazia socialista e terzomondiale
- La dittatura della democrazia. Come uscire dal sistema
- Etica ed economia. Per una teoria dell'umanesimo laico
- Preve disincantato
- Che cos'è la coscienza? Pagine di diario
- Che cos'è la verità? Pagine di diario
- Scienza e Natura. Per un'apologia della materia
- Siae contro Homolaicus
- Sesso e amore
- Linguaggio e comunicazione
- Homo primitivus. Le ultime tracce di socialismo
- Psicologia generale
- La colpa originaria. Analisi della caduta

- Critica laica
- Cristianesimo medievale
- Il Trattato di Wittgenstein
- Laicismo medievale
- Le ragioni della laicità
- Diritto laico
- Ideologia della Chiesa latina
- Esegesi laica
- Per una riforma della scuola
- Interviste e Dialoghi
- L'Apocalisse di Giovanni
- Spazio e Tempo
- I miti rovesciati
- Pazìnzia e distèin in Walter Galli
- Zetesis. Dalle conoscenze e abilità alle competenze nella didattica della storia
- La rivoluzione inglese
- Cenni di storiografia
- Dialogo a distanza sui massimi sistemi
- Scoperta e conquista dell'America
- Il potere dei senzadio. Rivoluzione francese e questione religiosa
- Dante laico e cattolico
- Grido ad Manghinot. Politica e Turismo a Riccione (1859-1967)
- Ombra delle cose future. Esegesi laica delle lettere paoline
- Umano e Politico. Biografia demistificata del Cristo
- Le diatribe del Cristo. Veri e falsi problemi nei vangeli
- Ateo e sovversivo. I lati oscuri della mistificazione cristologica
- Risorto o Scomparso? Dal giudizio di fatto a quello di valore
- Cristianesimo primitivo. Dalle origini alla svolta costantiniana
- Le parabole degli operai. Il cristianesimo come socialismo a metà
- I malati dei vangeli. Saggio romanzato di psicopolitica
- Gli apostoli traditori. Sviluppi del Cristo impolitico
- Grammatica e Scrittura. Dalle astrazioni dei manuali scolastici alla scrittura creativa
- La svolta di Giotto. La nascita borghese dell'arte moderna
- Poesie: Nato vecchio; La fine; Prof e Stud; Natura; Poesie in strada; Esistenza in vita; Un amore sognato

Indice

Prefazione..5
I..9
II..15
III...19
IV...24
V...28
VI..33
VII...47
VIII..53
IX...58
X...62
XI...66
XII..71
XIII...75
XIV...79
XV...84
Conclusione...90
Bibliografia su Amazon..99